# 1943年晩秋
# 最後の早慶戦

早稲田大学大学史資料センター
慶應義塾福澤研究センター
【共編】

教育評論社

## 「最後の早慶戦」記念撮影

**後列左**から、別当薫、臼倉晃一郎、久保木清、伊藤利夫、村上昌司郎、高松利夫、大島信雄、吉江英四郎、河内卓司、石井藤吉郎、金光彬夫、吉江一行、南里光義、山村博敏、磯野良太、片山公三、山県将泰、柴野昌、小俣秀夫、松沢喜三郎、岡本忠之、桜内一、加藤進、壷井重治、矢野鴻次、松尾俊治、**中央左（背広）**から、慶応ＯＢ島田善介、慶応野球部長平井新、慶応体育会理事浅井清、早大前野球部長山本忠興、早大野球部長外岡茂十郎、早大元野球部長代理寺沢信計、**前列左**から、富樫浩三、鶴田鉦二郎、森武雄、笠原和夫、阪井盛一、穎川三隆、増山桂一郎、永谷利幸、池上謙一、中村次男、片桐潤三、近藤清、長尾芳夫、舛形博、小川正春、伴勇資、岡崎宏太郎、松本安博

（森武雄氏所蔵）

試合終了後の慶應側応援席
関口存彦氏撮影・所蔵

試合開始前の早稲田側応援席
大島信雄旧蔵アルバムより
慶應義塾福澤研究センター所蔵

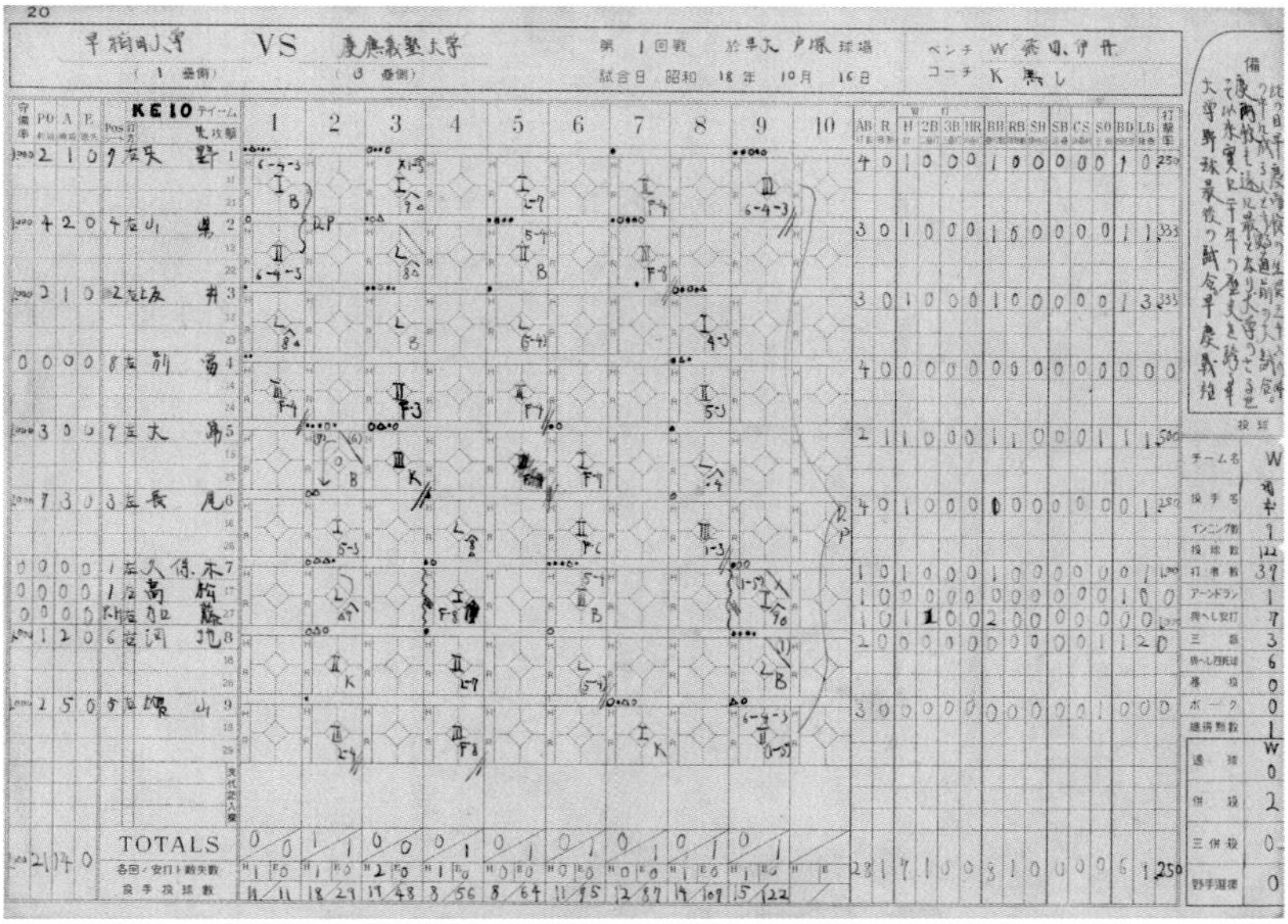


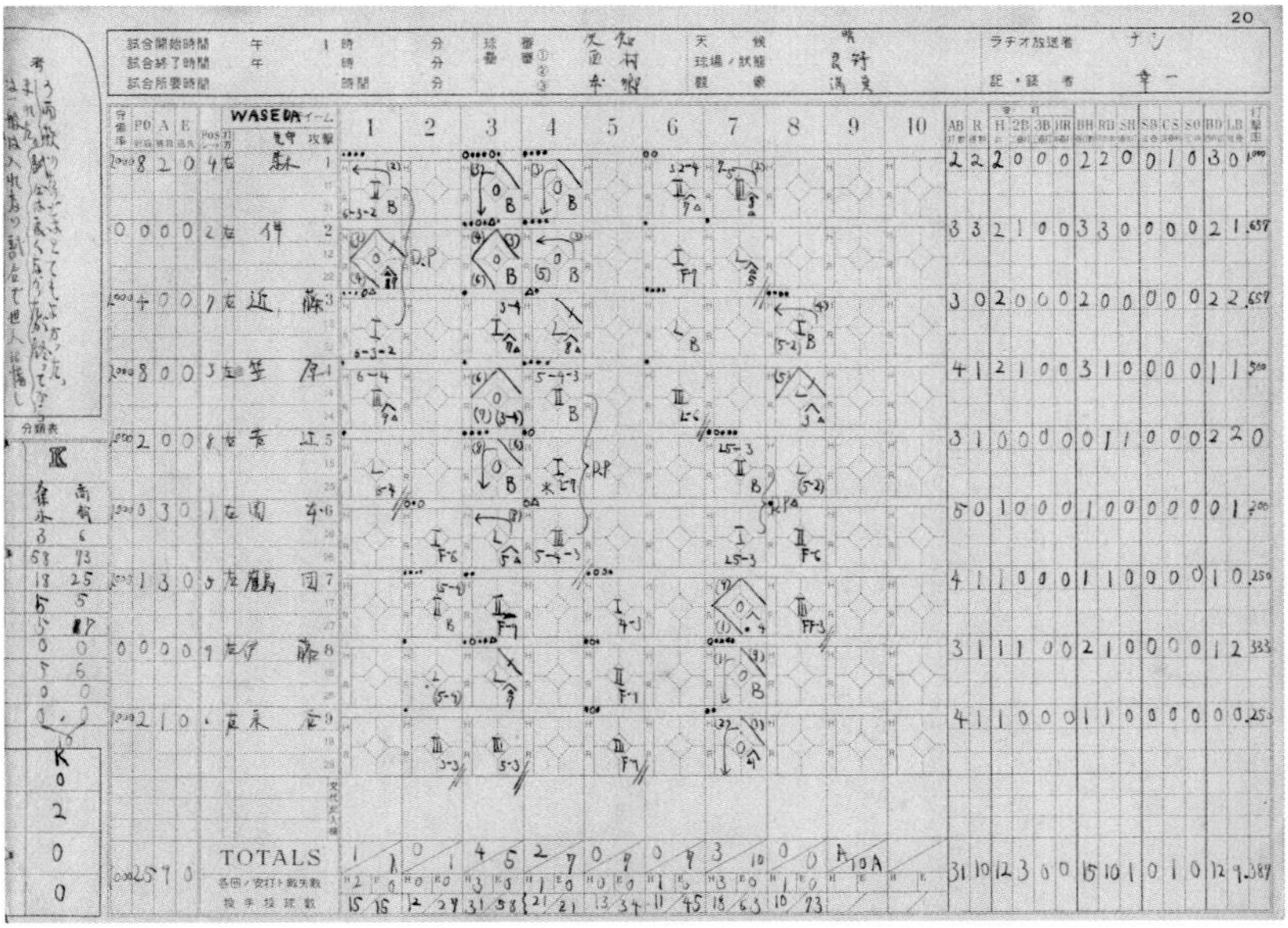


浅沼幸一作成スコアブック
上 慶應義塾のスコア　下 早稲田のスコア
浅沼幸一氏所蔵

第二早稲田高等学院時代の
近藤清　近藤幸義氏所蔵

早稲田大学野球部時代の
近藤清　近藤幸義氏所蔵

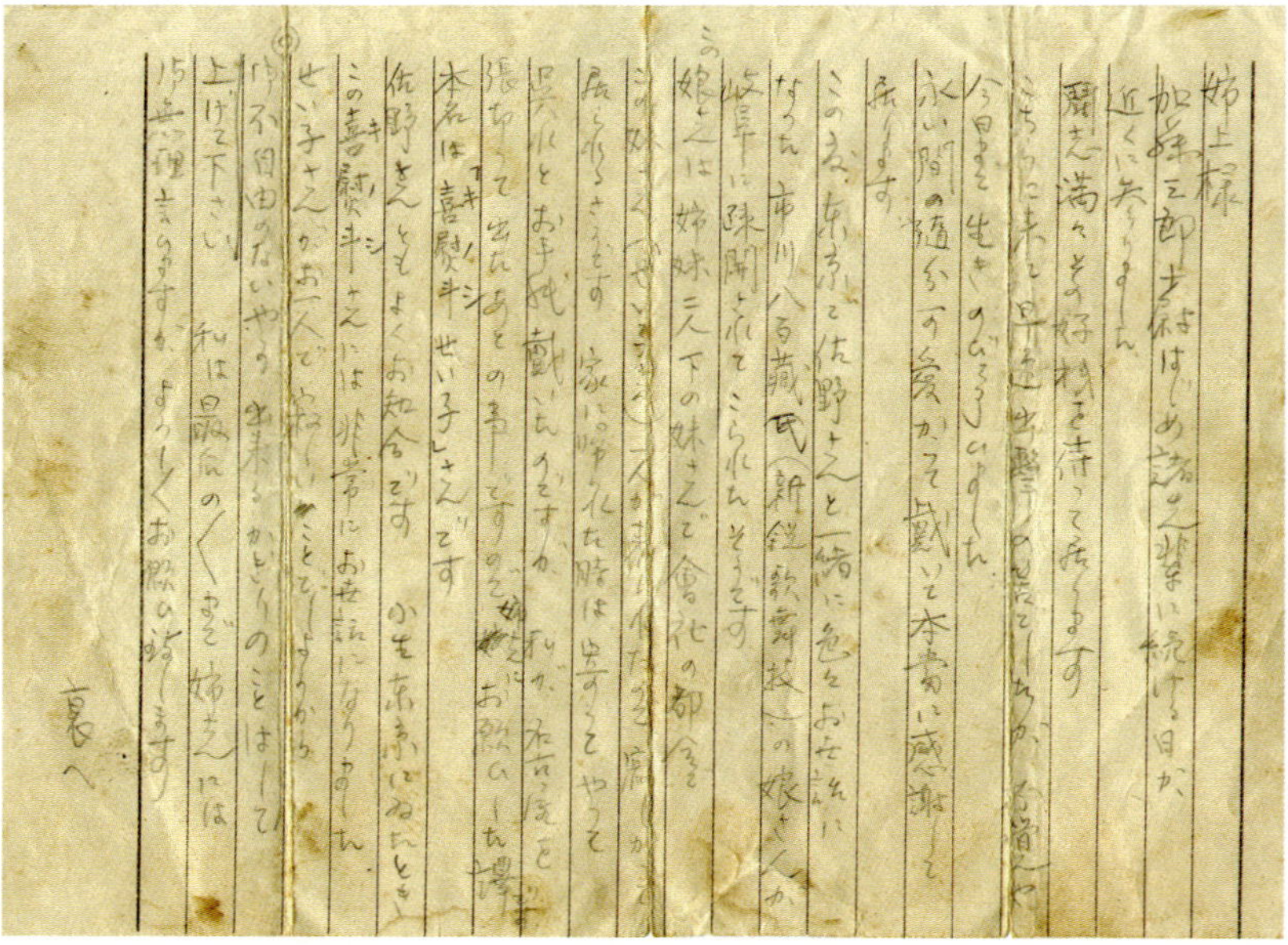

姉上様
加藤三郎夫婦はじめ諸兄弟に続ける日が、
近くに来りました。
闘志満々その好機を待って居ります
こちらに来て早速出撃の筈でしたが、都合や
今日まで生きのびて居りました。
永い間の随分可愛がって戴いて本当に感謝して
居ります
この度、東京で佐野さんと一緒に色々お世話に
なった市川八百蔵氏（新鋭歌舞伎）の娘さんが
岐阜に疎開されてこられたそうです
この娘さんは姉妹三人で下の妹さんで会社の都合
この妹さん（せい子さん）一人が
居られるそうです　家に帰られた時は出来るだけやって
呉れとお手紙戴いたのですが、私が不在の為を
張切って出たあとの事ですので姉さんにお願いした譯
本名は喜熨斗（キノシ）せい子さんです
佐野さんともよくお知合です　小生東京に居たとき
この喜熨斗（キノシ）さんには非常にお世話になりました
せい子さんがお一人で淋しいこととでしょうから
何不自由のないやう出来るかぎりのことはして
上げて下さい　私は最后のくせ姉さんには
無理言ひますが、よろしくお願ひ致します
清へ

近藤清遺書　近藤幸義氏所蔵

## 1943年晩秋

# 最後の早慶戦

# はじめに

早稲田大学大学史資料センター所長
吉田順一

一九四三年一〇月一六日に行われた「最後の早慶戦」は、東京六大学野球連盟の公式の試合ではなく、早慶両校野球部の対校試合として実施することが許され、実際には早慶壮行野球試合の名のもとに行われた。

太平洋戦争のきびしい戦局のもと、敵国のスポーツとして野球はうとまれ、すでにその年の四月に東京六大学野球連盟は解散に追い込まれていた。その後、一〇月二日に学生への徴兵猶予停止が公布され、同月二五日から臨時徴兵検査が開始された。そして文系学生が入営・入団することになった。

早稲田大学では、該当する学生五千八百名のために、一五日に壮行会が行われた。その翌日に「最後の早慶戦」は決行されたのである。当日ユニフォームを着た両校の選手のうち、早稲田大学の五名が戦没した。この戦争による早稲田大学関係戦没者は四千七百名以上、慶応義塾関係戦没者は二千二百名以上であった。

本書刊行の出発点は、敗戦後六〇年が経ったのを機に、この戦争をあらためて見直そうと早稲田大学の大学史資料センターが企画した「(二〇〇五年度春季展　戦後六十年展) 一九四三

年晩秋　最後の早慶戦」にある。この展示の内容は、新聞数社にとりあげられ、展示終了後も、二〇〇六年一〇月にＮＨＫ番組「その時歴史が動いた」でとりあげられ、今年も八月と九月にテレビ二局にとりあげられ、また映画化もされるなど、反響を呼び続けている。このような反響への対応のひとつとして、本書の出版を位置づけることができる。

教育評論社から早稲田大学大学史資料センターに対して出版の希望が示されたのは、昨年一一月であった。早稲田大学大学史資料センターは同意し、担当者は、企画展示のさい収集した資料に加えて新たな資料の収集を行うなど、刊行の準備をはじめた。まもなく同社は、慶応義塾福沢研究センターにも本書出版の話をし、今年慶応義塾が建学百五十周年を迎えたこともあり、同センターも積極的に協力することとなり、本年になって本書を両センターの共編として出版する合意が成立した。

早稲田大学大学史資料センターも慶応義塾福沢研究センターも、みずからの大学の歴史に関わるさまざまな資料を集めて保管し、建学の祖の事蹟や校史を明らかにすることを務めとしている。本書はそのような立場から、両センターの担当者が、それぞれの所蔵資料や新たに収集した資料に基づいて、「最後の早慶戦」を追究し明らかにしようと試みたものである。今は試合関係者の数も減り、資料もかなり失われ、確認しがたいいくつかのこともあるが、ともかく本書は、このような試みの成果である。

「最後の早慶戦」は、戦時体制下にあった大学間の小さいできごとかもしれない。しかし戦争について、じつに多くのことを考えさせる力をもつ。読者にとって本書が、六十余年前の太平洋戦争についてあらためてあるいはあたらしく考えるきっかけのひとつになることを願ってやまない。

最後に、「最後の早慶戦」の展示と出版のために、貴重な資料を提供し、聞き取りに応じてくださった両校の野球部をはじめとする諸団体とその関係者、また当日の試合の観戦者等のかたがたに、心から感謝申し上げたい。また教育評論社にも御礼を申し上げたい。

二〇〇八年九月一九日

# 刊行に寄せて

早稲田大学野球部　稲門倶楽部会長
本村政治

飛田穂洲さんの書かれた「『学徒出陣』の早慶戦」（『相撲界』〔『野球界』改題〕一九四四年一月号）の一節に「いうまでもなく、今度の試合は決して最後の早慶戦ではないし、両大学の野球部は永久に存続しなくてはならぬ。今後の早慶戦は選手の出陣に依ってあるいは一時休止されることがあるかも知れない。しかし選手の頭数が揃えばいつでも会戦するであろう」とある。

三〇年前、映画や書籍化された最後の早慶戦。何故今再び甦るのだろうか。あの忌わしい戦争の悲劇を風化させてはいけない、語り継がねばならぬという使命感がそうさせたに違いない。

一九五二年、早稲田大学に入学した私は野球部に入った。当時の早大は森茂雄監督、外岡茂十郎野球部長、飛田穂洲先生、相田暢一先輩等を中心にして東京六大学でも強い存在だった。ある日、我々一年生に飛田先生の話があった。「諸君は早稲田の野球部員である。早稲田大学のために野球の練習をするのではない。野球部のために練習をするのでもない。自分のために練習をするのだ」強烈な訓示だった。己の役割を果たせというのだ。高校時代はお互いに助け合ってチームワークが機能すると思っていただけに冷水を浴びせられた様な緊張感を覚えた。

早慶戦が間近に迫ると、決まって先輩の激励を兼ねた夕食会があった。場所は合宿の講堂。

一九五四年頃は、まだ食料事情も悪かったので、せいぜい海苔巻きといなり寿司の弁当だった。食後、私の前におられた小川正太郎（投手）さんが、同じ食卓にいた木村保投手に向かって「この茶碗どう見える」と卓上にあった七個の茶碗を指差された。あっけにとられている木村投手に「僕には一個しか見えない、君が神宮のマウンドに立った時、キャッチャーのミットだけが見えればいい」集中力のことを話してくれたのだ。早慶戦が近づくと先輩達も含めて「慶応にだけは負けるな」と早大野球部には緊張感が漲ったものだ。

「最後の早慶戦」にふさわしい飛田さんの弔文を紹介したい。

「ここに謹んで戦没球友諸君に敬弔の詞を捧げる。諸君を戦野に送ってから、もう幾星霜を過ぎた。そして諸君は遂に我々のもとに帰って来ない。しかも名誉の戦死、戦没という空白な美名すら、いまははや忘れた形になっている。まことに悼しい限りといわなければならない。（中略）各野球部に捧げつくした意気をそのまま広い戦野の花と散った。いくさそのものは誤っていても、諸君の行った決死行に咲いた野球魂は永く、永く後進選手の胸に刻まれてのこらねばならない。諸君の壮烈の死を追悼すると共に後進の決意をここに誓いたいと思う。（後略）昭和二十八年一月十五日　飛田穂洲」（東京六大学野球連盟『七十年の歩み』）

この早慶戦を本当の「最後の早慶戦」としてお国のために闘い、戦死された諸先輩、生き残られたとはいえ一度は覚悟の死を経験された両大学の先輩達だったからこそ、本当の「最後の早慶戦」だったのではないかと思う。合掌

# 刊行に寄せて

慶応義塾大学野球部OB会　三田倶楽部会長
西岡浩史

このたびは書籍『１９４３年晩秋　最後の早慶戦』の刊行おめでとうございます。

慶応義塾創立一五〇年、小泉信三生誕一二〇年、慶応義塾大学野球部創部一二〇年の記念すべき二〇〇八年にタイミングよく、語り継ぐべく歴史と伝統の一戦「最後の早慶戦」を取り上げた書籍が刊行されることに貴社はじめ関係者のみなさまに祝意、敬意を表しますとともに感謝御礼を申しあげます。

現役時代における慶早戦は、「宿敵早稲田に勝ってリーグ戦優勝を！」と強く先輩から言われ、「練習は不可能を可能にす」（小泉塾長）のもと日夜厳しい練習を行い、満員の神宮球場で世界三大スポーツの一つ、早慶戦に恥じぬプレイと打倒早稲田を目指し懸命に戦っていました。

本年、ベースボール・マガジン社から松尾俊治・笠原和夫共著『最後の早慶戦　学徒出陣還らざる球友に捧げる』が出版され拝読し、映画「ラストゲーム　最後の早慶戦」を拝見することで、「最後の早慶戦」についての認識を新たにすることとなりました。

学徒出陣を前に「早慶戦をやりたい」。両校野球部員の一途な強い思いを受けた慶応義塾・小泉信三塾長、野球部・平井新部長、阪井盛一主将、早稲田大学野球部特別顧問・飛田穂洲、野球部・外岡茂十郎部長、相田暢一マネージャーの両校野球部トップ並びに関係者は戦況厳しい中、軍部、文部省を相手どり、筆舌に尽くしがたい労苦の結果、早慶戦が実施されたことは慶応野球部における「建部の精神」の礎となり、忘れがたき歴史の一頁となりました。

今般、「最後の早慶戦」について、更なる深掘りの書として、教育評論社より、当時の歴史的背景を中心に出場者や野球部員、観戦者、応援指導部など体験者への取材とともに慶応義塾福沢研究センター、並びに早稲田大学大学史資料センターの共編のもと、当時の日記や観戦者のスコアブック、写真等々、新たな資料を加えて刊行されると伺い、ここに、資料提供並びに取材協力をされた方々に感謝申しあげますとともに、慶応義塾大学野球部ＯＢ会組織の三田倶楽部が後者への「語り部役」として内容ある素晴らしい必読書となるよう期待しています。

私たちは一九四二年秋に小泉塾長が最愛の息子「海軍主計大尉小泉信吉」を戦場で亡くした失意のなか、学生の熱い思い「最後の早慶戦」実現に向けて塾長の言葉「善を行うに勇なれ」と自ら身をもって進められたことを忘れてはならない。

小泉先生の「スポーツが与える三つの宝」

一．練習は不可能を可能にす

二．「フェアープレーの精神」を身につける

三．「生涯の良き友」を得る

とともに――。

# 凡例

一、文中の漢字はすべて新字体とし、かなづかいは原則として原文のままとしたが、一部新かなに改め、濁点等を補った。また読み易さに配慮して適宜ふりがなを付した。

一、固有名詞についても右の原則によった。従って「慶應義塾」の表記も例外とせず「慶応義塾」と表記している。

一、本文中の人名はすべて敬称を略した。

一、年代表記は、西暦を主とし、各節の初出時に和暦を併記した。

一、本文中の註および出典の記載は最小限にとどめ、巻末に一覧を掲げた。

一、本書に頻出する笠原和夫・松尾俊治著『学徒出陣　最後の早慶戦』（恒文社、１９８０年）は、２００８年に『最後の早慶戦　学徒出陣　還らざる球友に捧げる』（ベースボール・マガジン社）として新装版が出版されたが、本書では、より当時の情景が残る表現の前著からの引用とした。

# 目次

*table of contents*

第2章 開催まで――1943年夏〜早慶戦開催まで



第3章 〝最後の早慶戦〟――1943年10月16日〜入営・入団まで

## 第4章 空襲、戦死、そして敗戦
### ——入営・入団〜1945年8月15日



## エピローグ 早慶戦の復活

プロローグ

# 早慶戦の時代

早稲田大学と慶応義塾大学、両校野球部による対校戦は、二〇世紀の幕開けとほぼ同時にはじまった。それ以後、世紀をまたぎ、いまもなお春と秋、早慶両校の学生だけでなく多くのファンが応援するなか、神宮球場で熱戦が繰り広げられている。

その一〇〇年を超える早慶戦の歴史のなかで、最も盛り上がりを見せた時期がある。昭和の初めである。

早慶野球戦の前景気《まえげいき》的記事が朝刊諸新聞の社会面に進出して来る日の午後は、まさに野球狂乱時代の一日である。早慶戦を放送するラヂオに群《むらが》るファン大衆、そこには労働者、職人、サラリーマン、店員、学生、紳士等々の凡《あら》ゆる階級層の人々がゐる。彼等は何《いず》れも、選手の一挙手一投足に関する放送に、彼等の凡ゆる感覚と想像の活動力を傾注して、その日の午後を過《すご》すのである。華やかなるものよ、その名は国民的スポーツである。

（菊川忠雄「スポーツの政治化と運動選手の行方」『改造』一九三〇年一二月号）

当時の代表的なオピニオン雑誌『改造』に、労働運動の指導者であった菊川忠雄が記した一節だ。菊川は、昭和初期のあらゆる階層の人びとが早慶戦に熱中している様子をこのように描写した。

昭和初期、早慶戦は二校の対校試合の域を超え、「国民的スポーツ」となっていた。もっと

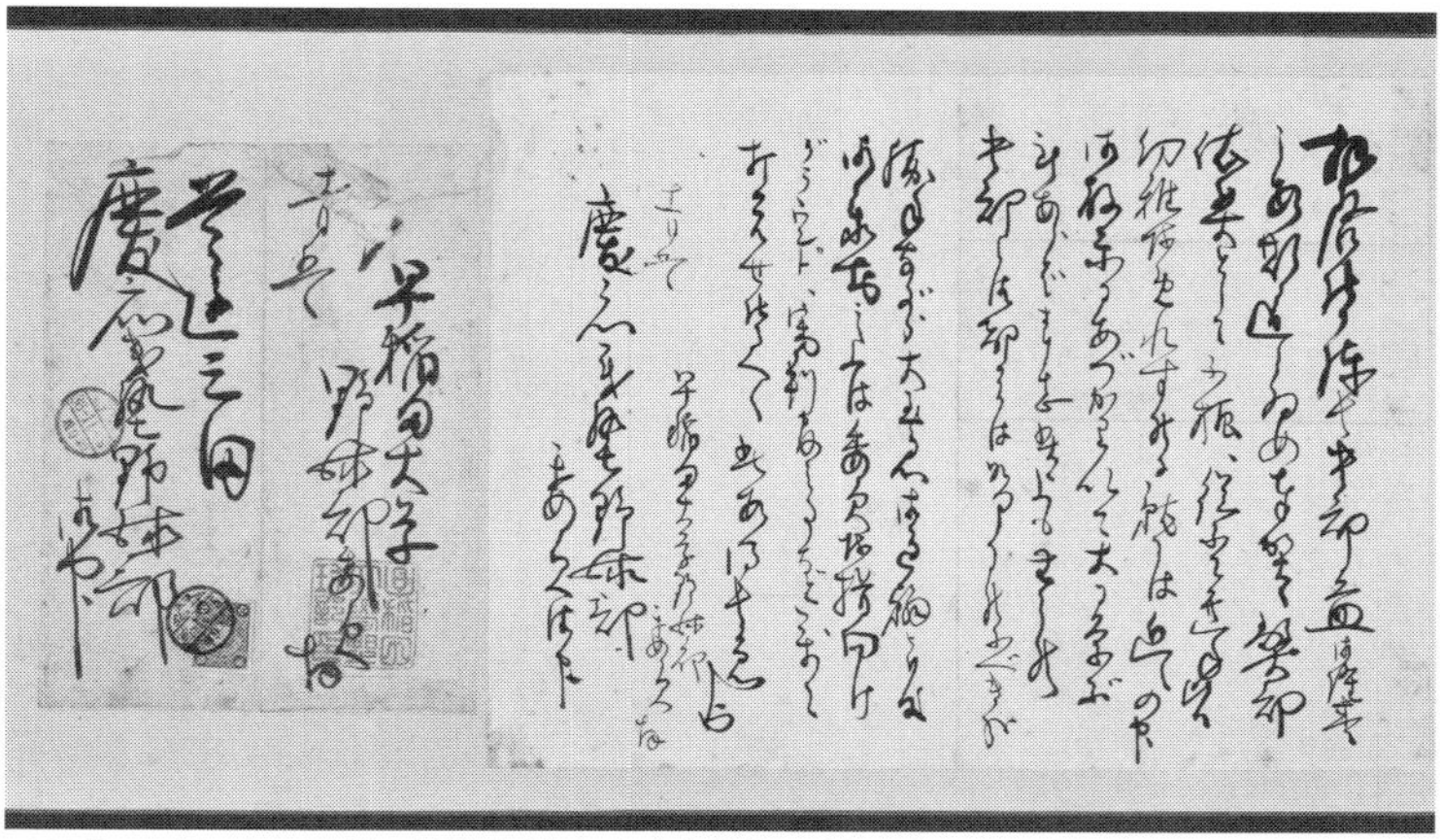

1903年11月5日、早稲田大学野球部から慶応義塾野球部に送られた挑戦状。この一通から早慶戦の歴史ははじまる。（慶応義塾福沢研究センター所蔵）

も、このような早慶戦の熱狂は、そう古い話ではない。

早慶戦のはじまりは、一九〇三（明治三六）年一一月二一日、慶応の三田綱町《つなまち》運動場での一戦だった。早稲田の主将橋戸信が、顔なじみであった慶応の主将宮原清に試合を申し込んだことがきっかけだ。早稲田大学の野球部委員名で出された、いわゆる挑戦状には、「弊部依然《いぜん》として不振、従《したが》ふて選手皆幼《みなよう》稚《ち》を免《まぬが》れず…近日の中、御教示にあづかり以て大に学ぶ所あらば素《そ》志《し》此上《このうえ》も無」いとあった。

念願かなった試合当日、早稲田の部員たちは一二キロの道のりを歩いて三田に向かい、慶応の学生が高価なシュークリームを食べるかたわら、握り飯をほお張った。写真に残る両校部員の姿は白のユニホームにスネはむき出し、足元は足袋であった。早稲田の挑戦者としての意気込みを慶応が受け入れた、この早慶最初の一戦は、シーソー・ゲームの果てに、一一対九で慶応が勝利した。

以後三年にわたって開催された早慶戦であったが、両校の応援が過熱するなか、早慶戦の開催は中止に追い込まれることになる。一九〇六年秋、早慶が一勝ずつをあげた後の決勝戦を前に、過激な応援団を警戒した慶応当局が試合の中止を申し込んだのである。これを機に早慶戦は野球のみならず、レガッタなどほかの競技までもが中断する羽目になった。この後、早慶野球戦が再開されるまでには、実に二〇年近くの歳月を待たねばならなかった。

＊

一九二五（大正一四）年一〇月一九日、とだえていた歓声がよみがえった。

夜もまだ明けやらぬ早朝五時、人の波は早稲田大学野球部のホームグラウンド、戸塚球場をめざしていた。市電の終点早稲田停留所から球場まで、どこまでも延びる列は三等の切符売り場までつづき、道は人でごった返す。一〇時の切符販売と同時に、売り場に人の波が押し寄せ、切符はまたたく間に完売する。球場に入れなかったファンが、試合をひと目見ようと木によじ登り、また民家の屋根に上る。日比谷公園には、一球ごとに試合の動きを知らせる試合速報掲示版（プレヤーボールド）が特設され、弁士の実況とともに試合経過が伝えられた。その前には群衆が殺到し、その数はおよそ一万という。

早慶戦の復活で華が戻った学生野球界は、それまでの五大学リーグに東京帝国大学も加わって六大学野球連盟が成立し、新しい局面を迎えた。

一九一四年早慶明の三大学連盟成立以来、法政、立教と相次いでリーグに参加していたが、これで六校による本格的な総当り戦が可能となり、実力を争う体制が整った。一九二六年に新しく神宮球場へ舞台を移したことも、人気沸騰の要因となった。神宮球場はその五年後、それまでの倍近い数であるおよそ六万人を収容できる球場に生まれ変わったが、早慶戦はその大規模球場をも満員にした。

試合終了後、球場の外が人であふれた。（『アサヒスポーツ』1925 年 12 月 1 日号、朝日新聞社）

＊

昭和の初め、日本はモダニズムの時代を迎えていた。

試みに、ギンザへ、新京極へ、そして道頓堀へ行け！　ラウンドスピーカーとジャズバンドとの、始めも終りもない旋廻的な急テンポの喧騒裡《けんそうり》に、廉煙草《やす》を横ざまに啣《くわ》へたセイラーパンツや、目の縁を真紅に塗ったおカッパが、酒―ピストル―映画―リーグ戦―軍縮―君恋し―検挙―不景気―売勲―強盗―など、連絡のない断片語をしゃべり散らしてゐるのを見るであらう。

（林要「スポーツの階級性」『中央公論』一九三〇年六月号）

右の文章には、昭和の初め頃の政治や社会のキーワードが、当時の流行の最先端であったモダンボーイとモダンガール、いわゆるモボとモガのおしゃべりに託されて、ずらりと並んでいる。そのなかのひとつ「リーグ戦」はいうまでもなく、六大学野球リーグ戦のことを指している。

「モダン・スポーツ」（同前）の代表ともいうべき六大学野球リーグ戦、なかでもその黄金カードの早慶戦は時代の潮流とマッチし、まさに「国民的スポーツ」の代名詞となっていた。人びとはその報道に釘づけとなり、入場券をめぐるトラブルも少なからず起きた。学生野球の本分が問われることも、しばしばだった。一九三二年には学生野球の健全化の名のもとに「野球統制令」が出され、文部省が干渉に乗り出しもした。

当代を代表するジャーナリスト長谷川如是閑《にょぜかん》に、この「大衆の狂熱的態度をどうにかしなければ、「ファッシズムなどを成功させる大衆になる」（「野球熱に対する社会的考察」『早稲田大学新聞』一九三〇年五月一七日付）とまでいわしめた。それでも早慶戦の一戦一戦は、人びとの関心の的に変わりはなかった。

しかし時代は、確実に戦争へと向かいつつあった。現在、当時の早慶戦を知る数少ない証言者の一人で、早大ＯＢの吉澤善吉（一九一三年生）は語る。

神宮球場のことですけれども、「〇〇さん、召集が来ましたから、お帰りください」とアナウンスが入るのです。そうすると周りのものは無責任ですから、パチパチ手を叩いてね。本人はそれどころじゃない。

そして、日本の中国への勢力拡大は太平洋戦争へと発展し、ついに学生がペンから銃へと持ちかえるときが来る。そうした時代の早慶最後の一戦が、一九四三年一〇月一六日、早稲田の戸塚道場（戸塚球場）で開かれた「最後の早慶戦」であった。

＊＊

本書は「最後の早慶戦」を、試合実現に至る経緯に止まらず、戦時体制への早慶両校の対応や、両校学生らを取り巻く時代環境などと関連づけて、その実像に迫ろうとするものである。

その際、私たちが常に念頭に置いたのは、「最後の早慶戦」を太平洋戦争の歴史のなかに位置づけるということである。それは本書が、野球史を対象とするものでもなければ、戦時下の一美談を描くことでもなく、一〇〇年を超す早慶戦のなかでも特異なその試合を歴史のなかに意義づけることを意味する。

そのための試みとして私たちは、「最後の早慶戦」後にも注目することとした。一九四三年一〇月一六日に戸塚に集まった選手をはじめとする学生たちは、一九四五年八月一五日へと至るわずか一年十か月をどのように歩んだのだろうか。本書で取り上げる人びとはごく少人数に過ぎないが、彼らの「八月一五日」へと至る過程を追うことは、太平洋戦争の一端を把握することになると考える。それはまた、「最後の早慶戦」から太平洋戦争の本質を捉え返すこととなるに違いない。

今日、この試合について振り返ることが、「戦争とは何か」の問いかけにつながることを私たちは期待している。

# 第1章

# 戦時体制への突入

## 1937年〜1943年春

## 1 戦時体制と早稲田大学

一九三七（昭和一二）年秋の日中戦争勃発以降、次第に戦争の影響は色濃くなっていった。早慶両校も時代の波には逆らえず、大学の戦時体制も徐々に強化されていった。

満洲事変、「満洲国」建国以後、華北に勢力を広げていた日本は、一九三七年七月七日夜半、北平（北京）郊外の盧溝橋《ろこうきょう》で中国軍と衝突した。現地では停戦交渉が成立し事態は収束するかに見えたが、一撃で中国を制圧できるとみた近衛文麿内閣（第一次）・陸軍等の主導によって、師団が増派されていった。さらに、はるか南の上海にも軍を上陸させ、戦局は一挙に中国との全面衝突の様相を呈しつつあった。

このような「非常時局」に対し、早稲田大学はいち早く呼応する姿勢を示した。総長の田中穂積《ほづみ》は、夏休み明けの九月、学生に犠牲的精神と銃後の固めを訓示し、英語論文「正義の日本」を著し、欧米諸大学総長等へ送付した。これは中国・蔣介石《しょうかいせき》政権の「排外思想」を厳しく批判し、日本の真意が対中提携・平和保全にあると説いたものである。

また、「日本精神の昂揚《こうよう》による挙国一致」といった政府方針に沿って、国民精神総動員運動への協力をラジオで訴えた。大学経営に一身を捧げていた田中総長は、国是《こくぜ》に対しても大学人を代表し率先して範を示したのだった。[1]

大学では早くも特設防護団を設置して防空演習を行い、献金、時局についての科外講義、戦傷病兵への慰問、戦争ニュース映画会、靖国神社参拝などを推進し、一二月に中国の首都南京《なんきん》を占領した際は、一万の学生を戸塚球場に集め「南京陥落祝賀会」をとり行った。この年、恒例の学芸大会では、「校庭に戦車と毒瓦斯《ガス》プールに駆逐艦」と『早稲田大学新聞』（一九三七年一二月二四日付）の報道にあるように、無線操縦式の二メートルもの駆逐艦、ホスゲン・クロルピクリン・一酸化炭素製の毒ガス等が学生の手でつくられるなど、学生にも戦時色が浸透していた様子がうかがえる。

田中穂積総長。（1935 年ごろ撮影、早稲田大学大学史資料センター所蔵）

翌一九三八年に入ると、戦局は次第に持久戦の様相を呈してくる。大学では一〇月に戸塚球場にて「漢口陥落祝賀会」を開催したが、校友（卒業生）の戦死者も増え、『早稲田学報』の「戦線の華と散った校友の面影」という誌面には、顔写真とともに家族への遺書や戦場での最期が掲載された。

「時局の警告」のため、早稲田・戸塚両警察署は喫茶店・麻雀店・ビリヤード場に手入れをした。青春を謳歌する多くの学生を「不良」として検挙し、「学生狩り」とも称された。喫茶店まで対象にしたのは「サボ学生」が多いことや、美人メードが目当てとされたケースがあったためで、検挙の際は警察のトラックに学生を押し込め、朝食中の学生まで連行する乱暴なやり方だったようだ。

その一方で、学生のなかからも「学風振興運動」と呼ばれる決意表明や申し合わせが行われ、学生軍事サークルが組織されたほか、学生のなかには、興亜青年勤労報国隊として満洲また華北へとわたる者もいた。

このような情勢に、当時建国二六〇〇年の節目とされた一九四〇年になると、大学ではキャンパス内に報国碑を建立し、勅語奉読式を開催、また創立六〇周年を二年早め紀元二六〇〇年とあわせて奉祝式典を挙げるなど、精神的な戦時体制づくりを加速させた。

「七つの海に照り映えて、東亜に興《おこ》る新秩序、鉄鎖の民を解放し、愛の文化の建設に　若き生命を抛《なげう》たん。嵐に花は散らんとも、往《ゆ》け、一瞬に永遠を　生きて光栄《はえ》あるわが生命、八紘為宇[2]の旗の下、勇む学徒に光りあれ」（政経学部学生作詞、『早稲田大学新聞』一九四〇年一〇月二日付）とは、この式典で初めて歌われた「若き学徒の歌」の一節である。この歌は「都の西北」と並ぶ愛唱歌として制定されたもので、「我々は今現に東亜の新秩序を建設し、一部白人の為めに虐げられたる民族を解放し、世界の平和と文化の向上に貢献すべき重大なる使命を荷うて一路邁進《まいしん》して居る」（『早稲田学報』一九四〇年一一月号）という総長式辞と軌を一にしていた。

*

一方、大学では文部省の意図を体しつつ、制度的にも学内の戦時体制を編成していった。この制度的改革は多様であるが、全学に及ぶものとしては、大きく軍事教練強化、学徒錬成部創設、早稲田大学報国隊結成の三つに絞られる。

ひとつ目の軍事教練はもともと大正末期にはじまる。陸軍派遣の配属将校による学生への軍事教育・訓練のことであるが、もともとは徴兵後に軍での在営期間が短縮となる任意選択の科目だった。これが一九三九年度には必修科目となり、内容も毎年強化されていった。学生は教練不合格になると軍の幹部候補生への出願資格を失うため、教練を怠る学生は少数だった。

その科目の内容を見ると、一九三七年度では閲兵《えっぺい》・分列、小隊教練、中隊教練、国防軍事の試問だけだったのが、やがて突撃・刺突、射撃、手榴弾《しゅりゅうだん》投げ、歩哨《ほしょう》・斥候《せっこう》、大隊教練等が加わり、[3]一九四二年度には六キログラムの装備を負い、最長一九キロメートルの行軍が課されている。また、野外教練「野営」が課された。陣地での防御、突撃、遭遇戦、実弾射撃、夜間戦の演習等を富士裾野《すその》や軽井沢で行ったが、これは不寝番も含め全四日（後五日）の泊り込み教練だった。

「最後の早慶戦」に出場した森武雄は、「野営の思ひ出」[4]と題した作文で、次のように記している。

やがて夜間演習の時間が来る。集合ラッパが鳴ると我々は再び武装を整へて外に出る……自分は選れて斥候《せっこう》に出された。敵陣近くへ進み寄って行った。と突然思ひがけない処《ところ》で鋭い銃声が響き渡った。続いて照明弾が上ってパッとあたりが明るくなった。「伏せ」自分は草の繁《しげみ》の上にぴったり身を伏せ、息を殺して敵陣を窺《うかが》った。「おい、もう引き返へそうか」友に私語《ささや》いた。「うん、だがもう少し待て」騒々しく鳴き立てゝゐた虫の声も一時にぱったり止んでしまった。銃声が鳴った後は急に静まりかへった。自分は首筋に冷い秋風をヒヤリと感じた。思はずブル〳〵と身震ひをした。夜露が服の上からひし〳〵と身にしみ通って来た。其の時ふとたった一人の兄の事が思ひ出された。今兄は何してゐるだらうか。或ひはこんな風に果《はて》しのない満洲の野で演習をしてゐるかも知れない。それから戦地の同胞の事を。自分が戦場に立つ日もそんなに遠い将来の事ではない……

なお、この作文にはいまと変わらない学生らしい姿も記録されている。

教練服のまゝ毛の抜けた南京袋の様になった毛布の中へもぐり込んだ。床の中に入ってても未だ眠らうとしない。思ひ〳〵の雑談に耽《ふけ》ってゐる。「おいもう眠らんか」不寝番が注

野営の風景。（関口存彦氏撮影・提供）

意をした。

「何に言ってゐるんだい。未だ早い、んじゃ」

話しは次から次へと進展して行く。怪談から猥《わい》談へと話しが移る頃はもう夜も大分更けて、あちらからもこちらもかすかないびきが聞えて来る。彼等は青春の一夜を何時迄も楽しんでゐるかの様だった。

野球部の練習場だった戸塚球場（道場）も教練に使われた。当初は外野のみで行われたため野球の練習はまだできたが、教練が強化されると内野近くまで使われるようになったという。「最後の早慶戦」に出場した笠原和夫は、戸塚での教練について回想を残している。

ある日の午後、私は教練の授業を戸塚球場で受けていた。教官が銃剣をもったわれわれ生徒に、ホームプレートまで突撃せよ、との命令をだした。私は「内野では野球の練習をやっているから、レフトかライト側へ突撃方向を変更して下さい」と教官に願いでた。教官は怒った。「お前ら、いまの時局をどう考えているのか、敵国のスポーツである野球になにを遠慮することがあるのか」……それ以後その教官はつねに私を目の敵にした。

（『学徒出陣　最後の早慶戦』）

次に学内戦時体制の二つ目、学徒錬成部についてである。教練・報国隊が国策として全国的に導入されたものであるのに対し、錬成部は一九四〇年秋より文部省・ほかの官公私立学校に先駆けて、田中総長が強力に推進したものだった。これは時代の要請に応じ、知育中心の大学に集団的道徳・体力強化の要素を導入するもので、毎週の錬成では、早稲田式体操・競技・国防的体練・集団労作（運動場の整備奉仕など）・総合訓練（集団運動・錬成綱領高唱・訓話など）が行われた。

ただし、軍により制度化されていた教練に対し、学校が独自に行っていた錬成の方は勉学の時間を削るとして評判が悪く、指導員の「緊張は一瞬たりとも解いたことがない」という言葉を皆で冷笑したことがあったという。高等学院[5]では学生が指導員を殴ったといううわさも流れ

戸塚球場で行われた軍事教練。（関口存彦氏撮影・提供）

ていた（「戦時学生生活の思い出—書き残して置きたいさまざま—」）。

再び森武雄の当時の作文より、錬成の様子を見てみよう。

甘泉園に集合、午後一時をもうとっくに過ぎて居るのに、未だ、だら〳〵集って来る学生の多い事、それにもまして、欠席者の多い事は実に意外だった……西武線電車に便乗して東伏見体錬道場へ。校旗掲揚の後、錬成目的の奉唱がある。「国体の本義に基き、皇運扶翼の確固不抜なる精神を体得し……」全員学生の奉唱する声は武蔵野に響き渡る。何んと力強い頼《たのも》しい声ではないか。自分は誓って唱へる自分の声に、胸の奥底から誓ふ気持が湧き出るのを覚えた。それが終ると

愈々《いよいよ》体錬に入る[6]〔以下欠〕

学生たちは当時大学の一部だった甘泉園[7]より、指導員の号令のもと高田馬場駅まで行進し、西武線で東伏見駅に赴いている。現東伏見キャンパスの東伏見体錬道場が錬成の場だった。

東京府北多摩郡久留米村（現・東久留米市）に建設された小平《こだいら》錬成道場（のち久留米道場）で行われた合宿錬成もあった。一九四二年度では毎日五時半に起床、点呼の後清掃をし、労作体錬、学徒礼法、総合錬成、錬成講義の受講等を行った。朝と夜の神拝、国旗掲揚・降納も日課であり、研究座談会のほか、内容未詳の「歓喜の夕」なる科目も組み込まれている。自給自足を目指し、隣接地にて開墾・耕作も錬成の一環として行われた。「錬成即生活、生活即錬成といふ言葉が一番ぴったりします、なほ唯猛烈に眠いのと腹の空くのには弱りますね」とは、ある学生の感想である。

なお、一九四二年四月に早稲田大学の体育会は学徒錬成部へ統合され、野球部は特修体錬競技部の野球班となった。戸塚球場が戸塚道場と改称されたのも同じ流れである。

最後に、学内戦時体制の三つ目、早稲田大学報国隊の結成について少し述べておこう。これは一九四一年八月、文部省の全国大学・専門学校への指示を受け緊急に結成されたもので、早稲田では各学部・専門部[8]以下高等学院までを全一二部隊とし、部隊のなかで学年別に大隊を設け、さらにその大隊のなかに学生五〇人を単位とする小隊を編成した。その上で、田中早稲田

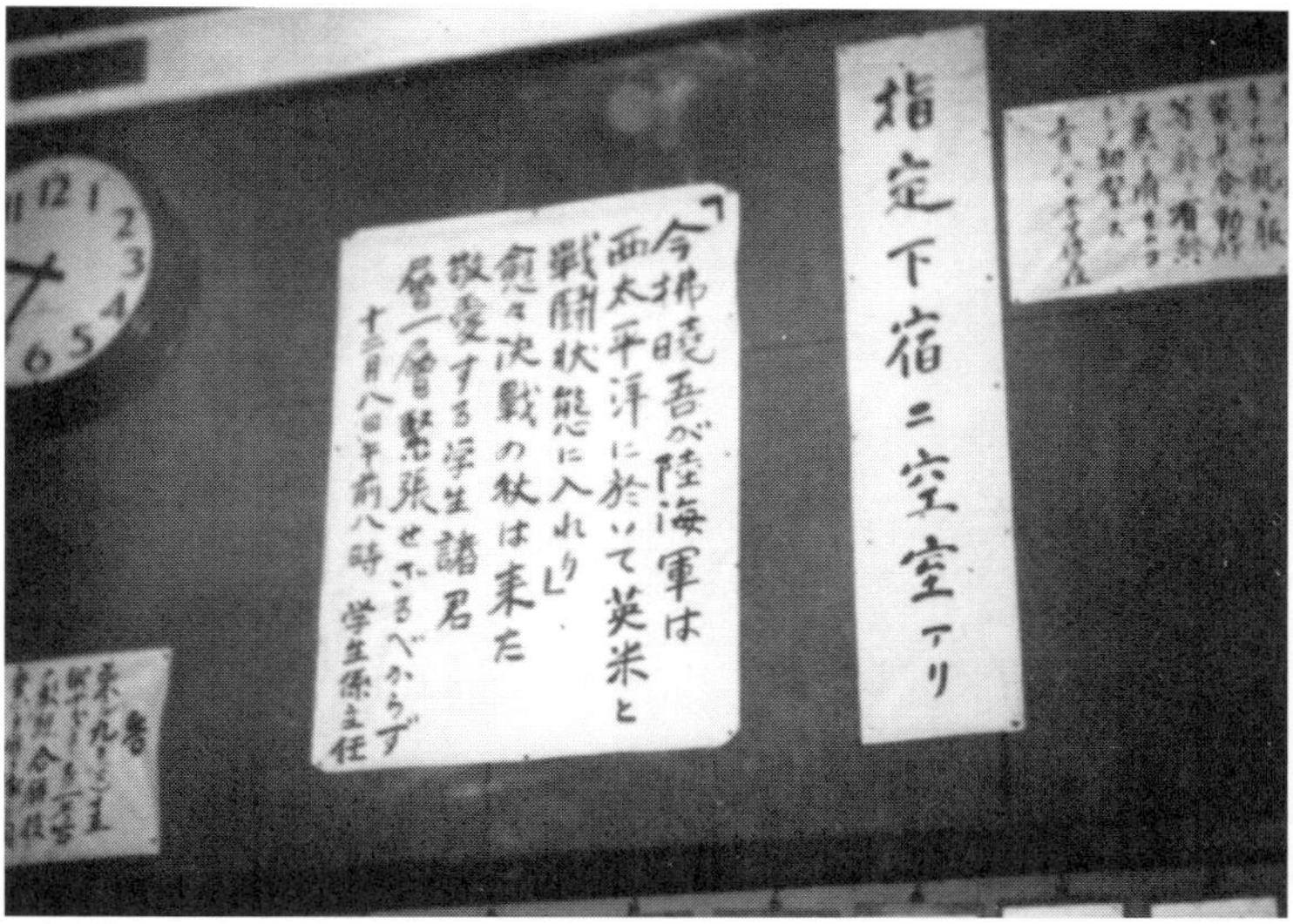

日米開戦の日に大学に貼られた掲示板。（近藤幸義氏提供）

大学報国隊長のもと、学部長を部隊長に、教職員を大隊長もしくは幕僚・部隊付に任命した。文部省に学校報国隊本部が置かれ、その指令により大学が防空・勤労など動員任務に即応するための組織であった。

*

このような大学の戦時体制づくりが進むなかで、一九四一年一二月八日の日米開戦の日を迎える。近藤清（「最後の早慶戦」に出場）が撮影した大学の掲示板には、「『今払暁《ふつぎょう》吾が陸海軍は西太平洋に於いて英米と戦闘状態に入れり』　愈々《いよいよ》決戦の秋《とき》は来た　敬愛する学生諸君　層一層緊張せざるべからず　十二月八日午前八時　学生係主任」とある。開戦の日は月曜日で、大学本部にスピーカーが設置され、戦果を伝えるラジオニュースで人だかりができた。第一高等学院生は興奮状態で、「先生、この戦争はどうなるでしょうか」と口々に尋ね、授業にならない教室があったという。やがて教室より校庭に全生徒が集められ、宣戦の詔書と戦果が伝えられた。

しかし、この年は一〇月一六日の勅令により、三月卒業予定者は修業期間が三か月短縮され、一二月卒業、同月徴兵検査と定められていた。「嫌だ嫌だよ、兵隊さんは嫌だよ」と高等学院の黒板に書きなぐってあったというのは、このときのことである。日米開戦後は戦線も一気に拡大し、卒業すればやがては戦場へという観念が学生の心を捉えるようになる。

緒戦における日本の勝利にもかかわらず、一九四二年四月一八日には早くも東京は初空襲を受け、米軍機は早稲田にも飛来した。

大隈講堂前の正門石段を下りかけた時、鶴巻《つるまき》町通り上空の飛行機から、黒い物が多数撒《ま》かれた。ビラにしては落下速度が早い、何の広告撒きかと思った時に、飛行機は図書館真上に来ていた。翼に星のマーク、「まさか米軍機が」と思ったが、高射砲の音もない。やがて何か落とした辺りに黒煙が上がり、火災が発生。それが投下した焼夷《しょうい》弾《だん》とは結びつかず、やがて空襲警報のサイレンが吹き鳴り、「今のが本当の空襲」と知った。政経の校舎に戻ると、「すぐ岡崎病院へ行け、病人を避難させよ」との指示を受け、病院に駆け付けた。空爆は患者の食事中だったが、既に患者は食器も放置したまま避難した後だった。

（「戦時学生生活の思い出―書き残して置きたいさまざま―」）

この空襲により、当日に予定されていた六大学野球リーグ戦の早大対帝大戦は、急きょ一週間延期されている。

一九四二年は、前年につづき二度目の繰り上げ卒業として、六か月短縮・九月卒業となった。一方、四二年六月のミッドウェー海戦、翌四三年二月のガダルカナル島での敗退により、戦況はいよいよ悪化した。四三年五月には海軍の山本五十六《いそろく》元帥の戦死発表が国民に衝撃を与え、同月末、北方のアッツ島で校友一一名を含む日本守備隊二五〇〇名が全滅している。

国内にあると兎角《とかく》実際から疎《うと》く戦の激烈さを痛感することが少いものですが、今度のことは全く戦の如何《いか》なるものであるかを切実に感じました。

何たる崇厳〔荘〕何たる壮烈、此の苛烈《かれつ》なる犠牲こそ吾々に課せられた一大試煉《しれん》なのだ、吾々はこの崇高なる犠牲を胸に生かし必死必勝の決意を新たにすると共にペンを捨て銃をとる覚悟をもって学徒の本分に邁進《まいしん》する……

（ともに『早稲田大学新聞』一九四三年六月二日付）

アッツ島守備隊「玉砕」に対する学生の声もさまざまであった。

六月五日、大学では二万の学生たちがアッツ島「復仇」を誓い、戸塚道場で開かれた故山本元帥全学生遙拝式に参列した。

しかし、戦局がいよいよ劣勢となるなかで、学生たちはただ戦争の色に染まり、黙々と政府等の戦時指導に従っていたばかりではなかった。息苦しい不自由な環境のなかにあっても、学生たちは思い思いの学生生活を精一杯送っていたといえるかもしれない。

当時の高等学院の文芸誌を見ると、確かにアッツ島での「玉砕」を悼んだ詩や、「大東亜戦」、「決戦下学徒の本分」への言及に学生の戦争への関心もうかがえるが、「書と人間修養道」「アンコール〔遺跡〕に就いて」「薄倖の詩人クライスト」「啄木《たくぼく》私見」「伊曾保《いそほ》物語」「万葉集第十一に於ける恋歌抄」「鎌倉綺譚《きたん》」等からは、学生の多彩な関心が読み取れる。また、「友の手紙」「ねこ」「宝塚」「自然を想ふ」「東京の秋色」「寂しさのあまり」「落葉」「幻想」といった随筆、そのほか、みずみずしい感性をたたえた恋愛小説や感傷的な詩作に、人生について真剣に悩んだ当時の学生の気風が現れている。

この文芸誌の第二号冒頭には「試験が来たかよ　早稲田の杜《もり》にヨ　一年も棒に振ったステテコシャン〳〵」とある。これは「早稲田おけさ」の替え歌で、試験前にクラスではやっていた歌だろう。[9]

当時の学生生活は、またわずかに残された卒業アルバムからもうかがい見ることができる。学校内の写真では、授業風景のほか、廊下で立ちながら参考書を見入る学生たち、ひとつの弁当を一緒に食べる二人の学生、休み時間を思い思いに雑談する学生たちの姿がある。「祝本日休講　万歳」と黒板に大書した横に教員のことを落書きした写真、掲示板の休講通知をうれしそうに指さす学生の写真も、興味深い。多くの名講義が戦後まで語り草となっている一方で、平々凡々、退屈な講義もたくさんあったのだろうか。

学校外では銀座や新宿、映画館で写された写真が多く、松竹前での写真には「一ヶ月　何回？」とただし書きがしてある。喫茶店でメードと一緒に写っている写真も三枚あり、この辺が当時の学生の楽しみだったらしい。そのほか、ビリヤード、将棋、卓球、旅行など、みな被写体が角帽の男子学生であることを除けば、現在の大学生と違いはない。

第二高等学院文芸誌「案山子」より。
（早稲田大学大学史資料センター所蔵）

旧大隈会館（戦災で焼失）の芝生《しばふ》にのんびり寝そべる学生たち、また五人が肩を組み一杯の笑顔をこちらに向けている学生たち――とうてい、これが近く戦地へ出征していく学生たちとは思えないものがある。

戦時下にも、学生にはいまとかわらない一人ひとりの学生生活があった。四三年九月、東条英機首相のラジオ放送にはじまる「学徒出陣」も、このような学生たちによって担われたのである。

1 第四代総長（在任一九三一―一九四四）の田中穂積は、「学園中興の祖」とも称され、大正末―昭和戦前期における大学経営の中心的人物だった。キャンパスの拡張・校舎の新築などその功績は大きく、大隈銅像や一号館様式の校舎など、現早稲田キャンパスの景観は田中総長が基礎を築いたものである。酒・煙草ものまず、類まれなほど几《き》帳面《ちょうめん》・謹厳で、また意志の強い性格であり、生活態度も「機械のような正確さ」だったという。総長室も板張り・古椅子のままで、「絨毯《じゅうたん》くらいは」と忠告する者もいたが、「私立大学は寄附によって成り立つ学校である、一銭の金も無駄には使えない」（『田中穂積』）と述べたエピソードがある。

2 八紘為宇《はっこういう》は「全世界を家とする」理念を表す。「八紘一宇《はっこういちう》」ともいい、日本帝国の「東亜新秩序建設」と重なるスローガンとして使用された。

3 「閲兵」は整列、または行進して教官・上位者の検閲を受けるもの、「分列」は分隊で行進する訓練、「小隊教練」、「中隊教練」はそれぞれ軍の小隊・中隊規模の編成による訓練のことである。「国防軍事の試問」は軍事的な基礎知識をテストするものだろう。「歩哨」とは軍の営門前の監視兵、「斥候」とは偵察要員のことで、その訓練を指す。

4 森武雄「野営の思ひ出」（森武雄氏寄贈資料、早稲田大学大学史資料センター所蔵）。

5 早稲田大学に大正末期から一九四九年まであった付属学校。語学や教養科目など、早稲田大学の学部に進学するための予備的な教育が行われ、帝国大学へそのまま進学できたエリート校の旧制高等学校と存在が似ている。この「高等学院」には第一高等学院（三年制）と第二高等学院（二年制）があり、受験資格には、第一高等学院が中学校（旧制下では五年制）四年生まで修了していること、課程が一年短い第二高等学院は、中学卒業、またはこれと同等以上の学力認定が必要だった。在籍年齢は、最短で入学した場合で現在の高校二、三年生から大学一年生の年齢に相当する。いずれも入試は難関で、修了すればそのまま学部に入れたこともあり、学院内では独特の学生気質が形成されていた。なお、現在ある付属高校「早稲田大学高等学院」は戦後の新制高校で、大学予科だった当時の「高等学院」とは別の存在である。

6 森武雄「或る日の錬成を思ひ出して」（森武雄氏寄贈資料、早稲田大学大学史資料センター所蔵）。

7 甘泉園は清水家（徳川御三卿のひとつ）の下屋敷にあった日本式庭園で、田中総長が一九三八年に相馬家より買収したものである。大学校舎にほど近く、学生の格好の憩いの場だったが、一九六七年に売却された（現新宿区立甘泉園公園）。

8 専門部とは、学士号を与える長期の高等学院→学部コースに対し、中等学校卒業者に比較的短期の専門教育を施す付属学校である（三年制）。当時、政経・法・商・工の四科あった。

9 第二早稲田高等学院B組文芸部編『案山子』創刊号（一九四三年二月）・第二号（一九四三年九月）より。

10 一九四三年法学部、同専門部法科、同専門部商科、一九四四年専門部法科の各卒業アルバムより。

## 2　戦時体制と慶応義塾

戦時体制へと向かう困難な時代、慶応義塾の舵取りを担ったのは、塾長小泉信三である。一九三三（昭和八）年末に理事長及び大学総長を兼ねる塾長の職に就いた小泉は、義塾の創立者・福沢諭吉の最も愛した門下生の一人小泉信吉《のぶきち》の子であった。信吉は、義塾が一八九〇（明治二三）年に大学部（旧制大学の前身）を創設したときの塾長で、将来を嘱望されながら若くして亡くなり、福沢を慨嘆させた。端整な顔立ちと凛《りん》としたたたずまいに信吉の面影を残し、大正末年にはマルクス価値論をめぐって筆鋒鋭く学界を沸かせた小泉は、早くから塾長の呼び声高く、一六歳年長の林毅陸《きろく》の後を受けての塾長就任であった。

小泉塾長時代の前半は、義塾が華々しい拡張を遂げた時期であった。従来、義塾のすべての学校は義塾の代名詞でもある三田《みた》の地に結集していた。[1]しかしこの土地はあまりに狭く、関東大震災を契機に拡張・移転が議論され、小泉就任早々の一九三四年に渋谷より電車で二〇分ほどの神奈川県下、日吉《ひよし》の地に新キャンパスが完成して大学文系予科が移転、一九三六年には医学部予科がつづき、幼稚舎（小学校）も広尾天現寺に移転した。

また一九三九年には、義塾出身の実業家・藤原銀次郎が、将来義塾に寄付する約束で土地や教職員の提供を受けて、日吉に藤原工業大学（義塾理工学部の前身）を開校した。このように施設・教育内容ともに飛躍的に発展を見せたのである。

一方で、創立者・福沢没してすでに三五年近い月日が流れ、塾生にはもちろん、教職員にさえ福沢は遠い存在となりつつあり、ときに「塾風」という言葉で表現された義塾らしい気風も、やや薄らぎつつあった。幼少時代に福沢に接していながら、幼いゆえに感化を得る機会を失してしまったことをしきりに悔いた小泉は、塾長として、それまでの塾長にも増してしばしばその名を口にした。とりわけ福沢が「慶応義塾の目的」と題して記した次の一文は、塾長としての小泉の最も基本的な指針であったといえる。[2]

慶応義塾長に就任したころの小泉信三。
（慶応義塾福沢研究センター所蔵）

慶応義塾は単に一所の学塾として自から甘んずるを得ず、其目的は我日本国中に於ける気品の泉源、智徳の模範たらんことを期し、之を実際にしては居家、処世、立国の本旨を明にして、之を口に言ふのみにあらず、躬行《きゅうこう》実践、以て全社会の先導者たらんことを欲するものなりこの趣旨に沿い、塾生道徳化運動とも呼ばれた小泉塾長時代の際《きわ》だった特徴が芽生えることとなる。すなわち、福沢のいう「気品の泉源、智徳の模範」の実践のため、塾生に対して日常の身だしなみやマナーへの徹底した注意喚起を促し、自らその運動の先頭に立ったのである。小さな心がけの積み重ねが、ひいては義塾の名に光輝をもたらすと説いたのであった。

一連の運動の最初の一手は、塾長就任直後、大学予科生に対する「断髪令」と黒制服義務づけであった。[3]これに対して予科生の一部は当初強硬な反対ストライキを展開した。両者の交渉は長期化したが、その解決にあたって義塾当局が掲示した諭告文には、「将来の塾員」[4]である塾生に対して、義塾は「一時的指導者」の態度ではなく「高尚なる気品と深奥なる学識とを兼備し、有為有能の士たるに相違なき吾々の後進、吾々の愛弟として之を育成せんと希《ねが》ふ」ゆえに、「凛々《りり》しき服装動作と熱心なる勉学とを要請し期待する」(『三田新聞』一九三五年一一月八日付)と記されている。当時の義塾独特の雰囲気をよく表しているだろう。

このように小泉の指針に発した塾生の気品をめぐる義塾当局の方針は、次第に塾生にも浸透し、当時の義塾の重要な特色をなしていくこととなった。一九三九年一二月には、「塾の徽《き》章」と題する塾長講演が行われ、当時流行の油を塗り込んだテカテカの学帽や赤靴、学生服にマフラーを着用することや、着帽での食事などを、「気品」という言葉にそぐわない身だしなみや行動の例として列挙し、端正な身だしなみと気品ある行動の徹底を促した。

塾長みずから直接塾生に注意を与えることもしばしばで、冬の朝、日吉駅改札で待ちかまえ、違反マフラーを没収して小脇に抱えている姿や、食堂で着帽のまま食事をしている学生から帽子を次々取り上げて、うずたかく積み上げている姿などは、卒業生から懐かしい思い出としてたびたび語られる話である。
一九四〇年一〇月には、「塾の徽章」の趣旨を簡潔に示す次のような「塾長訓示」を学内各所に掲出した。

塾長訓示
一、心志を剛強にし容儀を端正にせよ
一、師友に対して礼あれ
一、教室の神聖と校庭の清浄を護れ
一、途《みち》に老幼婦女に遜《ゆず》れ
善を行ふに勇なれ
塾　長

当時の義塾の掲示物には、一般に「〇〇ヲ禁ズ」と書くところを「〇〇セヌヤウ致サレタシ」というように、読み手を尊重し、自主的行動を重視する文体で書く伝統があった。かつて二〇年にわたって塾長を務めた鎌田栄吉以来「禁止主義の禁止」などと呼ばれて義塾の習慣のひとつとして定着した。この訓示には「独立自尊」の継承を意図するそのような気風の残り香も感じられ、軍国主義的色彩は感じられない。塾生は小泉の方針を好意的に受け止め、端正でスマートという「慶応ボーイ」の世間的なイメージはいよいよ強まっていった。

しかし一方では、華美を避け、自粛と規律を叫ぶ統制の波が社会を蔽《おお》い、小泉の一連の方針も自ずとその時流に飲み込まれていく。小泉は、一層積極的で徹底した規律励行を打ち出していった。ときにそれは、周囲がいささか行き過ぎではないかととまどうほどの場合もあったが、軍部や文部省との無用な摩擦を回避し、干渉の口実を与えないことに効用があり、塾生や教職員にも大方そのように理解された。

形式的儀礼を嫌う義塾の伝統も変化を迫られ、四大節をはじめ種々の行事が増えていった。義塾に御真影や教育勅語の謄本が下賜されたのもこのころのことである。従来この二つは官公立学校に対してのみ下賜されていたが、一九三五年より私学にも下賜されるようになっていた。義塾は当初慎重な姿勢を取るも、一九三七年までにほとんどの私学も奉戴するに至って翌年二月三日奉戴式を行い、義塾の本部が置かれている塾監局建物内に奉安所を設けて安置することとしている。[5] だが、以後もその扱いは淡白で、授業などで扱う場合でも「世の中にはこのような立派なものがあるそうですが……」と教育勅語に一応触れた上で、福沢が門弟たちとつくった独立自尊を柱とする道徳綱領「修身要領」が中心に据えられていたという。

軍隊における規律や銃器等の基本的な使用法を学ぶ軍事教練は、従来から「兵式体操」とい

日吉キャンパスから野外教練に出発する予科生（1941 年 2 月）。背後は大学文系予科が使用していた第一校舎（現高等学校校舎）。（慶応義塾福沢研究センター所蔵）

う体操の科目で義塾普通部（旧制中学）・商工学校では実施されていたが、一九二五（大正一四）年から大学予科以上でも実施されるようになり、大学や各学校には陸軍現役将校が配属された。大学学部生は希望者のみが履修していたが、一九三九（昭和一四）年度からは、大学学部在籍者全員に課されることとなった。配属将校による教練の査閲は、事実上学校の評価を決めるものとなり、将校たちの地位は学内にあって一種独特のものとなった。

しかし教練にどの学校よりも熱心であったのが義塾であり、また配属将校たちが学内で白眼視されぬように気を配ったのが小泉であった。将校の横暴は厳に戒めつつも、端正や気品が軟弱と同義に陥らぬよう注意し、配属将校を無闇に毛嫌いする空気をも嫌った小泉は、教職員や学生の前でわざと将校らと談笑して見せたり、自宅に招いて饗応したりもしている[6]。

また、一九三七年の「国民精神総動員実施要項」の決定、翌年の「国家総動員法」を受けて、教育現場に集団勤労作業が加わる。当初は土木作業も含む除草作業や農作業の手伝いなどが中心に行われ、夏休み中に数日程度であったが、徐々に軍需生産への従事なども多くなっていき、一九四一年には正課に準じて随時行うこととなり、三〇日以内まで拡大された。

同年九月には、文部省訓令にもとづき、大学学部、予科、高等部の全教職員・学生をもって学校をひとつの指揮系統を有する隊組織に編成する慶応義塾報国隊を結成、翌年一〇月には学校内の諸団体・組織を、戦時に必要な組織を加えて再編成する義塾報国団が結成された。本来、報国団は一九四〇年中にも組織されるべきであったが、義塾は独自に実施する方法を検討していたためずれ込み、結局文部省方針とは異なり、体育会その他既存の団体を一から再編成するのではなく、従来の教育活動との結びつきを考慮した形で結成された。以後の集団勤労動員は報国隊の活動となり、長期にわたるものも多く、学問に集中できる環境は失われていった。

このようにして一九四一年一二月八日、日米開戦は、義塾にも訪れた。この日、日吉の大学予科で若き予科生には興奮と焦燥の空気が相半ばしていた。当時予科一年の上原良司はこの日の風景を次のように書き留めている。

日吉駅前に立つ報国隊週番の学生（1942 年ごろ）。登校する学生が誰も敬礼しないため「ヤラセで撮影」と説明がある。（慶応義塾福沢研究センター所蔵）

教室に入って席に坐るや否や、宇野が「おい大変だな」と言う。何だか判らないので、「なにが」と言うと、「まだ聞かんのだな。西太平洋で、日米が交戦状態に入ったんだよ。大変だな」と言った。……そのうちに、金原と誰かがとんで来て、まずい字で黒板に「大本営陸海軍部発表今八日未明我国は英米と交戦状態に入った。上海方面において英艦一隻撃沈、米艦一隻捕獲」我々はここまで、黒板の字を追って、思わず、わぁと歓声を上げた。

（新版『あゝ祖国よ恋人よ』）

同じく予科一年だった土井庄一郎の記憶では、皆で快哉を叫んでいたところへクラス主任（担任）が深刻な顔で入ってきて

「エライことになりました」といい、ドキッとしたという（土井庄一郎談）。予科二年の和田裕は、大変なことになったという思いが先に立ったが、大戦果を聞いて、ひょっとするかもしれないという気持ちも沸いたのが事実であると話す（和田裕談）。

当時の塾生でも、上級学年ほど戦争を冷ややかに見ていたといい、戦後およそ五〇年を経て行われた義塾卒業生に対するアンケート調査によれば、開戦時一五歳前後だった一九四八年大学卒業者の三六・四％が真珠湾攻撃の報に「大感激だった」と回答、逆に開戦時に二〇歳を超えている一九四二年卒では四四・六％が「とんでもないことになったと思った」と答えている（『太平洋戦争と慶応義塾』）。

塾長小泉は、開戦翌日、白亜の予科校舎の中庭で予科生たちにこう演説した。

只今の私の心境を申せば実に清々しいの一語に尽きる。一切の危惧懸念は悉《ことごと》く大空の雲の如く吹き払はれ、実に清々しい気持である。開戦と決して清々しい気持がするといへば、然らば私は戦を好むものであるか。大違ひである。私は日米交渉に就いて、その最も慎重に行はれんことを希《ねが》った一人である。国は一日の国ではない。国民は之を祖先に受け、之を子孫に伝ふ。大事を決するには何処までも慎重でなければならぬとひそかに考へてゐた。而《し》かもその私が大詔を拝した只今に於て実に澄み渡った清々しい気持になってゐる。……たゞその爽かな気持の底に、私は自ら或る堅いものを感じてゐる。私事に亘《わた》るが、昨日半日、私は大政翼賛会中央協力会議の議場に居た。さうしてその間に幾度か自分で気附いたことは何時か自分が歯を堅く噛んでゐたことである。清々しい心を以て、決して悲歌《ひか》慷慨《こうがい》せず、決して切歯扼腕《せっしやくわん》せず、さうしてひそかに心に期するところがある。それが吾々の心境ではなからうか。

（『三田新聞』一二月一〇日付）

小泉は政界上層部とのチャンネルを有し、戦争回避のために少なからず運動していたといわれる。しかしその小泉の心境も開戦によって吹っ切れたのであった。ひとたび戦端が切られた以上、勝つために協力し、勝たねばならぬ——それが以後の一貫した小泉の態度であった。塾生を奮い立たせる発言を繰り返す小泉の態度は、日清戦争開戦とともに、官民の恩讐《おんしゅう》を離れて挙国一致を説いた、五〇余年前の福沢を多分に意識したものであったのだろう。しかし福沢のときと決定的に異なっていたのは、小泉が今回の戦争に本来消極的であったという点である。以後の小泉の言動は、「ひとたび戦端が切られた以上……」という姿勢にあまりに忠実であったとして、批判もされる。塾生にもその言動に違和感を持つ者もあったし、塾長の立場としていわねばならぬ発言なのであろうと感じながら聞いている塾生も多かった。小泉自身も、この間の言動についてのちに振り返って、「一たび開戦の後は、思い定めて、愚痴はいわず、ヤミもせず、終始愛国的に行動」し、「殊に戦勢が不利になってからは、私は私なりに力を入れて同胞国民の士気を鼓舞することに力《つと》めたつもりで、従って時には荒らっぽい言葉を使ったことも憶えています」と記している（『私の履歴書』）。

開戦を境に、政府による文教政策も戦時非常態勢へと急旋回を見せはじめる。まず徴集延期（徴兵猶与）の特権を与えられている学生の修業年限の短縮が行われた。予科三年・学部三年の大学、及び五年制の商工学校・三年制の高等部は、開戦直前の一九四一年一〇月にそれぞれ三か月在学年限が短縮され、一九四二年三月卒業予定者が前年一二月に卒業することとなった。

修業年限短縮の臨時措置はその後もいっそう強化されていき、一九四二年度からは大学予科が二年半となり、次いで翌年度からは二年となる。これで年限短縮が手詰まりとなって迎えるのが翌年の「学徒出陣」ということになった。

戦局が悪化するに伴い、政府の文教政策は官学偏重の色を露骨に表すようになり、いくつかの具体的な動きとなっていったが、そのひとつは、一九四三年早々に浮上する大学院特別研究生制度創設の問題であった。この制度は、文部大臣の指定する大学において大学院等に進むべき特別研究生を選抜し、国が研究費を与えて戦力増強に直接資する研究に従事させようというものであったが、原案では、この制度を帝国大学のみに設置できるとしていた。

これに対して早稲田大学総長田中穂積は明確な反対姿勢をとり、小泉塾長も同調して方針を改めるよう強硬に文部省に申し入れた。小泉は次いで新聞などにその立場を披瀝《ひれき》して世論に訴え、六月にその方針を改めさせるに至った。研究生の選考についても、文部省でなく各大学の教授会において行えるよう働きかけ、それを認めさせている。

さらに、同年一〇月の閣議決定「教育に関する戦時非常措置方策」では、私立の文科系大学・専門学校について、教育内容の整備改善と「相当数の大学」の専門学校への転換が決定され、専門学校の入学定員は従来の二分の一程度まで統合整理を行うとされた。

その結果、義塾は他大の学生を委託学生として編入することとなり、また義塾高等部、商工学校、商業学校は一九四四年度から生徒募集を停止、商工・商業は新たに工業学校に転換するなど、伝統ある諸学校も再編の大きな変化が求められた。

1941 年 11 月ごろの三田山上。大銀杏の奥に大講堂（大ホール）。（慶応義塾福沢研究センター所蔵）

＊

学生生活はどうなっていたのだろうか。物資欠乏で食事も文房具も不便を強いられ、酒もないなかでの学生の楽しみは、銀座の喫茶店に行くことや、三田の雀荘などに通うことくらいになった。一九四二年一月からは報国隊の週番制がはじまり、三田の正門、通称「幻の門」や日吉の駅前にも教練服にゲートルを巻いた学生が衛兵として立つようになった。一九四三年四月には、大学学部生や高等部生の特権であった長髪を禁じる「断髪令」が義塾当局より下り、塾生は総短髪となった。

　学内には特高の目も、厳しく光っていた。とりわけ思想問題を警戒し、学生新聞『三田新聞』や福沢先生研究会、思想系のゼミなどは、監視対象となり、特高の刑事がしばしば来訪したという。しかし、塾生の気風も手伝ってか、監視するような事情のないときは、連れだって塾生とハゼ釣りに行く特高刑事もいた[7]。

　これら私立学校や学生生活一般の事情とは別に、慶応義塾特有の問題というものがあった。西洋の自由主義思想を日本に輸入した「国賊福沢諭吉」の創立した「自由主義者の巣窟」、という批判が公然と義塾に向けられるようになったのである。陸軍の教科書で、福沢が批判的に取り上げられたことなどもあって、義塾に対する悪印象が蔓延した。先に登場した土井庄一郎は、義塾の校章であるペンマークつきの制帽をかぶって街を歩いていたところ、因縁をつけられ、帽子を投げ捨てられたことがあったといい（土井庄一郎談）、多くはないが、戦地でも義塾出身であることを理由に制裁を加えられたという話が若干あったことが伝えられている。

　義塾としても、この風潮の緩和を試みようと、『福沢選集』全一二巻の刊行を計画したが、出版事情の悪化などに加え、福沢の思想がますます時代風潮と相容れなくなり、検閲で大幅削除を求められたこともあって、結局一冊のみの刊行で中止のやむなきに至った。

戦時という厳しさに加え、私立の学校として、また福沢のつくった学校として、義塾は難しい舵取りを迫られていた。

1 当時の慶応義塾の教育機関は主に次の通りであった。幼稚舎（小学校、六年）→普通部（旧制中学、五年。ただし四年でも進学可）→大学予科（三年）→大学本科（三年）。これとは別に商工学校（五年）、商業学校（五年）、高等部（専門部、三年）があった。

2 この一文はもともと一八九六（明治二九）年一一月一日になされた福沢の演説の一節であった。その要旨を改めて大書したものが「慶応義塾の目的」と呼ばれる文章で、いまなお義塾の精神として尊重されている。

3 断髪令とは、短髪を義務づけたこと。黒制服の義務づけは、従来紺色も混用されていた詰襟を、黒に統一する趣旨。

4 「塾員」とは、主に慶応義塾の卒業生のこと。塾員が、在学生（塾生）・教職員とともに、義塾で相学び、相支え合うコミュニティーを福沢の時代から「社中」と呼び、その精神を「半学半教」と称している。

5 町田義一郎「戦時下の義塾と小泉先生」（『小泉信三全集』月報二二）によれば、御真影等の下賜の申し出を二度辞退したという。

6 このことについては小泉自身が戦後、『大学と私』に記している。

7 『太平洋戦争と慶応義塾』にアンケート調査によるさまざまな体験談が収録されている。

## 3　戦争と早大野球部

「早慶野球戦の日ともなれば会社銀行には急病欠勤が増し、学校は休校同然、街のラジオは行人を停まらせ、若き細君は洗濯中止でスピーカーの前にすわりこむ」（『相撲と野球』一九四三年七月一日号）という早慶戦――日中戦争がはじまり戦時「非常時局」下においても、その人気は相変わらずだった。

六大学野球リーグの日程最後を飾る早慶戦ともなると、早稲田の学生の熱狂ぶりはすさまじく、大学では授業をしても授業にならなかった。日中戦争勃発の年、一九三七（昭和一二）年春季大会では、翌朝七時売り出しの切符を求め、午前二時には一万の学生がキャンパスで騒いでいた。

「待望の早慶戦が息づまる興奮裡《り》に華やかな戦端を切る、明治が優勝しようが、法政が覇権を握らうが、こればかりは別だと惜し気なく興奮を撒《ま》きちらすシーズン随一の呼びもの、天下を二分するといふ看板に嘘偽りのない早慶戦である」（『読売新聞』一九三七年五月一五日付夕刊）とは、当時の報道である。

早慶戦後の喧騒もまた恒例だった。毎回早慶戦になると、両校の学生課はともに試合後は

当時の盛り上がるスタンド。（森武雄氏提供）

「ビール瓶《びん》が飛び灰皿が唸《うな》る」（同前）という新宿・銀座に、腕章つき統制委員を派遣し、監視に目を光らせていた。三六年秋季大会では慶応が二六、七名、早稲田が百名を動員したが、築地《つきじ》・四谷両署の学生検束人数はこれに比例していた。

しかし、三七年春季大会では、「街へ出た学生は教養のある紳士だ……過ぎた老婆心を棄て、学生諸君の人格を尊重したまで」（同前）と慶応は監視を廃止した。

一方、早稲田は「万一事故を起したときに学校当局はこれを事前に防ぐ方法を講じてゐなかったといはれても困る」（同前）と、監視の継続を記者に語っている。これも両校の校風の相違だったようである。

翌々年、一九三九年春季大会は一〇年ぶりにリーグの覇権を早慶直接対決で争うこととなった。以下は、六月三日第一戦の様子（要約）――

入場券には恐ろしいほどのプレミアがついて出回り、前日は両陣営のファンが入場券獲得にひしめいた。一部のファンは丸ビル大学野球連盟にまで強引に乗り込んでくる。

当日の神宮球場では、「時局遠慮の柵」が設けられた外に徹夜組、宮城や京都から上京した者、主人の代役を仰せつかった身代わり少年、うら若い女性等々が、満月の下、球談に花を咲かせた。開門の八時長蛇の列をつくっていた五千の人々がなだれこみ、内野席二百枚が瞬く間に完売、外野の芝生《しばふ》がハンカチやパラソルで次々と埋まっていく。一〇時になり黒づくめ制服の両校応援団が入場。「慶応のバカヤロ」「ワセダの阿呆《あほう》」とこれも恒例の野次《やじ》が飛び、チャイナ服姑娘《クーニャン》三人が早稲田側に入ったといっては喝采《かっさい》を送り、傷病兵士のネット裏入場をもまた拍手で迎える。六万人収容の球場を埋めつくした大観衆だった。

つづいて、

十一時半まづ慶応選手が黙々とだがかくし切れぬ闘志をスパイクにかっちりと踏みしめて入場、白衣勇士席の前に整列して脱帽敬礼…また拍手万雷続いて早稲田、気遣はれた早稲田のホープ南村君の颯爽《さっそう》たる姿も見える、はじめてさっとなびく両応援団の校旗忽ち《たちま》起る「若き血」と「都の西北」の交歓、天下を蝦茶《えびちゃ》と三色旗に染め分けた覇権の一戦は自粛したとはいへ十年振りの興奮にたぎりつゝ、開幕、武運長久、神宮遙拝に戦時下厳粛な一ときが終ると藤田主審の「プレーボール」にサイレン一声ドッと沸く興奮のるつぼ、サアこの一戦。

（『読売新聞』一九三九年六月四日付夕刊）

初戦は慶応が早稲田を破り、第二戦は早稲田がこれに雪辱し、決定戦では早稲田が慶応を破り、早稲田は五シーズンぶりのリーグ優勝を飾ったのだった。選手が凱旋《がいせん》した大学街には海老茶の旗がはためき、戸塚の合宿所玄関先には祝電や果物籠《かご》が山となっていたという。

なお、このリーグ戦はその華麗なプレーと端整な容姿とで女性ファンをとりこにした、松井栄造《えいぞう》（岐阜商業出身、甲子園優勝投手）が出場した。「『ワセダに珍しい美男子ね』スタンドは、ためにわき立った程である。合宿所の郵便箱も、ために、ときならぬ満員を続ける」[1]とある。

絶大な人気だった松井栄造。当時、販売されていたブロマイド写真と思われる。（近藤幸義氏提供）

「選球眼のいいバッターでね、右へも左へも打てる実にうまいバッティングをした。たしか、通算では三割は打っていないはずだが、バッターボックスに立っただけで絵になる選手で、たとえばポジションに走っていく後ろ姿を見ただけでも、惚《ほ》れ惚《ぼ》れしましたね」（『戦争9　戦没野球人』）と、作家の尾崎一雄は語っている。三九年春季大会は、球場を沸かせるスターがかろうじて存在できた時代であった。

しかし、一方で日中戦争が長期化し、三八年の国家総動員法、三九年の国民徴用令と戦争への総動員体制がしかれるなか、スポーツ界随一の人気を集めていた六大学野球には、その監督官庁である文部省の厳しい目が向けられていた。文部省にとり、学生競技大会はあくまで大学の課外教育の枠内になければならなかった。

すでに野球統制令（一九三二年）により文部省は学生野球への介入を意図していたが、一九三八年八月、リーグ戦での「自粛自戒」と「物資節約」を東京大学野球連盟（戦後の東京六大学野球連盟の前身）に指示した。「自粛自戒」とは、従来の「無作法」なアメリカ流の動作・態度を徹底的に反省し、野球用具を大切に扱うこと、日本古来の伝統精神にもとづいた武道的な野球を建設すること、浮ついた興行的な野球から真剣な戦闘精神の野球へ改革することであるという。「物資節約」は国民精神総動員運動の趣旨から、皮革製野球用具の現有品を極力長く使用することを指していた。

また、ボール消費の節約という観点から、当時リーグで行われていた二回戦制を一回戦（日本的であるとされた「一本勝負」方式）のみに削減せよというメッセージが連盟に伝えられていた。これは試合数を半分にすることにより、文部省が当時不快としていた連盟の巨額な球場入場料収入を半減させるためだった。そして、六大学野球の弊害――各校野球部に対する連盟からの分配金が、中等学校選手の獲得合戦に使用されたこと、本来大学が負担すべき運動部経費をこの配分金で賄《まかな》っていたことなど――を一掃する狙いも込められていた。

これに対し、連盟は文部省による分配金三割減・剰余金積立の指示はこれを受け入れ、全観衆と行う宮城遙拝・靖国神社への黙禱《もくとう》のほか、選手総代宣誓、愛国行進曲による選手退場、試合前後のホームプレートをはさんだ挨拶、試合中の審判への異議申し立て禁止、チェンジごとの審判へのボール返還、球場往復へのバス使用等、「軍国野球」に向けての自粛を申し合わせた。

しかし、連盟では文部省の指示する一回戦制の採用の方は延期し、先にこの節で紹介した一九三九年春季大会の優勝決定戦[2]を月曜日に行ったため、文部省は「粛正」として、学業妨害を理由に平日（月―金曜日）試合の禁止を示達した。これには雨天延期のケースを含んだ日程編成上から、二回戦制をはばもうとする文部省の意図があったが、連盟ではなおも三九年秋季大会の日程の一部を夏休みまで繰り上げ、二回戦制を継続した。このため、態度を硬化させた文部省は、対校試合方式（一対一の大学同士の試合）の奨励、および文部省指導下での夏季全国大学野球選手権大会の結成――六大学リーグ戦の解消さえ視野に入れるようになったのだった。

このような情勢に四〇年春季大会前には、連盟は文部省の要求する土曜一試合・日曜二試合、春季二回・秋季一回戦制の受け入れを余儀なくされ、さらに四一年秋季大会では、一般観客の締め出しを狙った球場売券禁止（各大学での前売のみ）・日曜三試合といった文部省の示達を受け入れざるを得なくなったのだった。

*

　一九四一年一二月八日の日米開戦以後になると、敵国アメリカに源流を持つ野球、そしてその代名詞ともいえる六大学野球[3]の立場はさらに厳しくなっていた。新聞での扱いは格段に小さくなり、代わって大本営発表の戦争の記事が紙面を埋めつくした。「娯楽」に対する厳しい視線のもと、一般観客にも種々のかた苦しいきまりが定められ、早稲田の学生も「早慶戦終了後、盛り場への出入は禁止、発見しだい処分」〔教務課長訓示〕（『早稲田大学野球部百年史』上巻）の扱いとなった。

　一方、早大野球部では四一年一二月、松井栄造、また三九年秋季リーグ戦で打率三割八分九厘（大会首位打者）をたたき出した小野欣助《きんすけ》らが繰り上げ卒業となり、それぞれ入営していった。戦争の進展につれ、生活物資の欠乏や食糧不足、配給制の拡大、野球用具の入手難も野球部に影響を及ぼすようになったのである。

　こうしたなか、四二年四月、野球部長に法学部教授の外岡《とのおか》茂十郎《もじゅうろう》が就任した。また、会社勤めのある伊丹安広《いたみやすひろ》監督が多忙のため辞任し、野球部の「大先輩」飛田穂洲《とびたすいしゅう》（東京大学野球連盟理事）が伊丹とともに野球部顧問に就任した。[4]同年九月には半年の繰り上げ卒業が実施されたため、主力選手は去り、秋季リーグ戦大会を前に野球部の体制は一新された。

由利繁《しげる》（三八年入部、外野手）が新主将に、また相田暢一《あいだちょういち》（四〇年入部）が新マネージャーに就任。以下、笠原和夫（三九年入部、一塁手）、近藤清（四〇年入部、捕手）、森武雄（同、二塁手）、伊藤利夫（同、外野手）、岡本忠之（四一年入部、投手）、吉江一行（同、外野手）、鶴田鉦《しょうじ》二郎《ろう》（同、三塁手）等、一年後の「最後の早慶戦」メンバーたちが、四二年秋季リーグ戦大会に出場することとなったのである。

笠原和夫（「最後の早慶戦」主将）の回想によると、秋季大会を前に、残れるレギュラー選手が二人しかいないため、部員たちのポジションも決まらないなか「もやもやした空気で練習をしているとき」（『学徒出陣　最後の早慶戦』）、戸塚道場に顔を見せた飛田は外野手の笠原がファーストに、投手の由利がセンターに入るよう指示したという。笠原は次のように語っている。

飛田穂洲（1943年夏ごろ撮影、近藤幸義氏提供）

……私はビックリした。外野手の私が一塁へ入るというのだ。がそれ以上に驚いたのは由利さんだ。投手の経験しかないのに、まだ一度もやったことのないセンターを守る……。一瞬ポカンとした表情をしていた。だが飛田先生の命令は絶対的なものである。

（『学徒出陣　最後の早慶戦』）

急造の野球部は猛練習を繰り返し、いよいよ一〇月三日よりはじまった一回戦制の秋季リーグ戦大会――戦前最後のリーグ戦となった――に臨んだ。

早稲田は初戦の対法政戦に引き分け、対帝大戦には一四対一の大勝を収めた。しかし、帰趨《きすう》を左右する対明大戦には九回表に一点を奪われ、その裏一死三塁にスクイズを敢行するも失敗、一対〇にて敗戦となった。

一方、ライバルの慶応も初戦帝大に敗れる波乱があり、つづいて立教に敗れたが、「陸の王者」の面目にかけて奮起し、法政・明治にそれぞれ完封勝ちした。こうして、二勝二敗の成績で一〇月二四日の早慶戦に挑んできたのだった。

早大側の「早慶戦を迎へ　学生課からの注意」によれば、時節柄、紙吹雪《ふぶき》・小旗・テープ等を散乱させない、変りズボン・下駄履きは入場を禁ず、切符を持たず何とかなると球場に来るのを禁ず等が、告示されている。

「毎年同じやうなことばかり言はなければならなくて本当に残念に思ふが、今度こそはこう言ふ時局下でもあるしお互ひに注意して欲しい、前回は時局の自覚もあると思ひ掲示もしなかったが新宿等予想に反してゐたやうだ、お互ひに気持よく注意し合って過ごされんことを望む」（『早稲田大学新聞』一九四二年一〇月二一日付）と、談話を発表している。早慶戦後の早稲田学生の「高言乱舞」は、日米戦時下でもなお跡を留めていたようである。

さて、試合は二回途中から降り出した小雨が次第に強くなり、ずぶ濡れのなかでの死闘となった。一回裏に慶応・阪井盛一の内野安打、別当薫の三塁打により二点を奪われた早稲田は、すかさず二回表に二つの四球・二安打を得て同点に追いついた。慶応は四回裏の無死一、三塁のチャンスを生かせず、試合は膠着《こうちゃく》状態となる。しかし、八回表、四球で出た早稲田・森を近藤が三遊間を破るヒットで返し、ついに勝ち越し、つづく笠原は二塁右へヒットを放ち、さらに二つの四球を得た早稲田はさらに四点目を獲得した。一方、慶応はその裏、二塁を陥れた長尾芳夫が河内卓司のヒットに本塁を一気についたが、早稲田のレフト・吉江の渾身の送球により、タッチアウトとなった。ここに慶応の反撃も止んだのだった。

勝った、勝った、つひに勝った怒濤の歓呼、嵐の拍手、咽《のど》も裂けよと絶叫する「都の西北」あゝ若き日の歓喜、我等共に謳《うた》はん母校の名、暮色蒼然たる中に内外野の応援団はまさに熱狂乱舞しつゝ「勝てり吾等」「紺碧の空」「若き学徒の歌」に情熱の祝杯惜しみなく酌まれて、何時《いつ》果てるとも見えなかった。（『早稲田大学新聞』一九四二年一〇月二八日付）

しかし、慶応を破っても、最後の公式リーグ戦はまだ終わりではなかった。二勝一敗一引き分けに持ちこんだ早稲田に対し、立教は明治に敗れたのみの三勝一敗で、優勝をかける対早稲田戦の大一番に臨んできたのだった（二五日）。

固くなった立教の藤本哲夫投手はボールが先行、二回裏押し出しの二点を含め、三点を早稲田に献上した。一方、早稲田のエース吉村英次郎も前日の早慶戦の疲労からか、四回表エラーによる失点から崩れ、二安打と四つの四球により、同点に追いつかれた。

笠原は次のように回想する。

> 気分的になにか早稲田は追い込まれた感じとなった。五回の攻撃のとき伊丹監督〔顧問〕を中心とした円陣が組まれた。……そのとき捕手の近藤が、大きな声をあげた。
> 「オイ、みんな、追いこされたのではないんだぞ。同点なんだ。負けていないんだ。いま一度気合を入れ直そうぜ」
> この一言がきいた。なにかリードされているような暗い空気だった早稲田ベンチが、この近藤の一言でふっきれた。
> （『学徒出陣　最後の早慶戦』）

こうして、早稲田は桶川隆のタイムリーで勝ち越しに成功、立教を六対三で下し、最後のリーグ戦を優勝で飾ることができたのだった。

外岡部長は次のように回想している。

1942 年秋季リーグ戦大会優勝記念。（森武雄氏提供）

殊勲打を放った桶川は、遊撃手京井〔秋行〕が卒業期の繰り上げで九月に去っていった穴を埋めるために、秋のリーグ戦を目前にして、血みどろになって鍛《きた》えられてきた新人で、ベンチに引き上げてきたときはさすがに日ごろの猛練習の喜びを身にしみて感じていたようであった。しばらくは呆然《ぼうぜん》として声もなかったが、「先生、打てました」といった。その声はかすかに聞きとれるほどであったが、いまだに耳底深く残っている。

（『フェア・プレー　その日・その時』）

しかし、このころには、六大学野球をめぐる情況はいよいよ厳しくなってきた。大学野球を管轄する大日本学徒体育振興会（文部省設立）の関東支部結成が予定され、このためすでに四二年秋季大会は当初から「最後のリーグ戦」と称されていた。四三年になると、愛知県が他県に先駆け外来スポーツとして中等学校の野球を禁止し、文部省でも戦時下、学生野球を含めた根本的な体育教育の見直しを検討しはじめたのである。

情勢の悪化に、東京大学野球連盟も手をこまねいていたわけではなく、アメリカではない日本の学生野球であるとして、野球用語の改定に乗り出している。

バット「打棒《だぼう》」、ストライク「本球」、ボール「外球」、デッド・ボール「触体」、フェアー「本圏」、アウト「倒退」、セーフ「占塁」「未倒」、ボーク「擬行」……[5]

しかし、実際に独自の改定用語を使用した「職業野球」と違い、六大学野球では、連盟の解散・リーグ戦の終焉により未使用のまま終わった。

連盟理事の飛田も六大学野球の危機に、同じ理事の藤田信男[6]（法政）と懸命な運動を展開した。

「野球弾圧」に反対する飛田の主張は、当時のその論文に概要をうかがうことができる。それによると、野球はすでに日本人の魂によって醇《じゅん》化されており、もし思想上日本精神と相容れないというのであれば、ビルを片端から破壊、鉄道を撤去し、日本式家屋・駕籠《かご》や髷《まげ》を生活に用いるべきであるという。また、野球が外来スポーツであるため敵愾心《てきがいしん》をなくすとの見解に対して、飛田は祖国愛の血吹雪《ふぶき》を上げて戦った幾多の戦没・戦傷野球人への侮辱として、激憤の情を抑えられないと述べ、「先輩も起て、選手も起て、後援者も共に起って自らの母校野球部を守り抜かねばならない……吾等の野球は、吾等の野球部は、吾等の野球愛は決して冒されてはならない」（『相撲と野球』一九四三年三月一日号）と訴えている。

　飛田にとって日本の野球とは、アメリカ流の「自由主義的悪風潮」や「遊楽的意義」を持つものではなく、先輩の血と汗と忍苦によってつくられた「野球道」であり、また信仰としての「野球宗」であった。

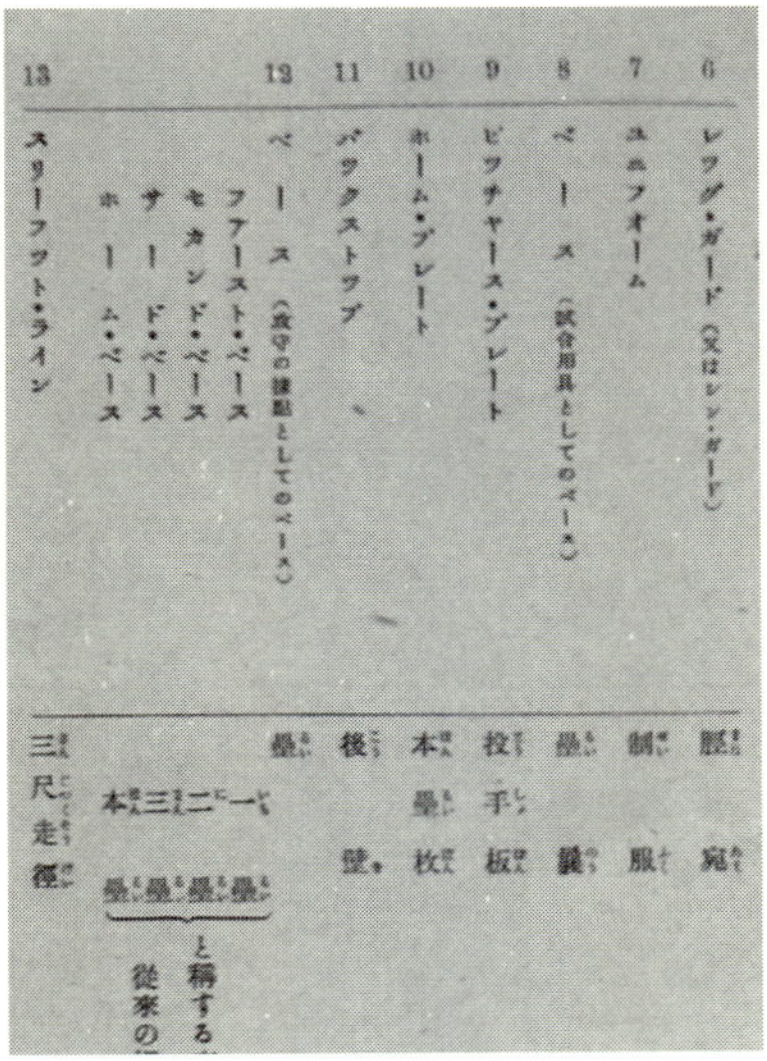

| | | |
|---|---|---|
| 6 | レッグ・ガード（又はレン・ガード） | 脛当 |
| 7 | ユニフォーム | 制服 |
| 8 | ベース（試合用具としてのベース） | 塁嚢 |
| 9 | ピッチャース・プレート | 投手板 |
| 10 | ホーム・プレート | 本塁板 |
| 11 | バックストップ | 後壁 |
| 12 | ベース（攻守の目標としてのベース） | 塁 |
| | ファースト・ベース | 一塁 |
| | セカンド・ベース | 二塁 |
| | サード・ベース | 三塁 |
| | ホーム・ベース | 本塁 |
| | | と称する 従来の |
| 13 | スリーフット・ライン | 三尺走徑 |

東京大学野球連盟『野球用邦語集』。
（早稲田大学大学史資料センター所蔵）

　飛田など連盟理事は、文部省に交渉するため、さらに早慶の総長・塾長に交渉を依頼した。飛田の懇願にもかかわらず職員の葬儀のため文部省の会議を欠席した田中総長に対し、小泉塾長は実際にその席上では条理を尽くし、文部省の反省を促したという。

　早大野球部員も野球部の存続に必死だった。四三年三月に大日本学徒体育振興会の主催で「学徒行軍関東大会」が行われたが、出場する早大野球部チーム等に対し、「直接戦力の養成に関係のない体育は潔よく統合されてしかるべきである……学生野球を初め云々の批評が加へられてゐるのであるから今回の鍛錬会〔学徒行軍関東大会〕の結果は学生競技の将来を、否《いな》、緊急に迫ったその発〔廃〕存問題の鍵を卜《ぼく》する」と、『早稲田大学新聞』（一九四三年三月三日付）に報道されていた。

早大野球部ではその存在意義を大学本部に訴えるべく、壷井重治ほか、町谷茂、近藤、吉江等一一名の部員たちが志願し、この大会に向け練習に練習を重ねた。そして当日（二一日）、神宮外苑井《い》の頭《がしら》公園間往復三五キロを、重武装のまま死に物狂いで駆け抜けたのだった。笠原は「これぐらいの行軍はへっちゃらですよ。復路はもっとスピードを出しますからね」と井の頭公園での休憩中、握り飯を食べながら話す壷井の姿を記憶している。大会の規定上、隊伍《たいご》での走行中に一人でも落伍者を出せば失格となり、壷井は足のもつれた緒方俊明を後から押していたという（以上、『学徒出陣　最後の早慶戦』）。

伊丹顧問は「彼等の奮闘振《ぶ》りは涙ぐましいものだった……疲れ果てた球友を励まし合って進む野球部選手達の姿は、今でも私の脳裏を離れない」（『一球無二』）と回想している。男子九七組中、最終順位ははっきりしないが、『朝日新聞』（一九四三年三月二二日付）によると、早稲田より出場した三チームは、一四、一九、二六位に入っており、持久走を得意としない野球部員たちも、ほかの運動部チームに負けない成績を残したのだった。

しかし、大学の新学期開始を前にした三月二九日、文部省は「戦時学徒体育訓練実施要綱」を発表し、抜本的な学生体育への刷新を打ち出した。そして、文部省体育局長は「六大学リーグ戦などは承認されない」(『朝日新聞』一九四三年三月三〇日付)と述べ、リーグそのものの廃止まで示唆したのだった。

この「戦時学徒体育訓練実施要綱」においては、重点体育教育として行軍・銃剣道などの「戦技訓練」、海洋訓練などの「特技訓練」のほか、「課外訓練」として、体操、陸上運動、剣道、柔道、相撲、水泳、雪滑、球技(闘球そのほか適切なるもの)の種目が指定された。以上の具体的な種目については、文部省は「敵性スポーツ」か否かにかかわらず、「戦力増強、聖戦目的完遂を目標」に選別したという。そして、闘球(ラグビー)以外の球技、つまり野球・テニス・ゴルフ等の存続・廃止は、各学校長の裁量に一任するとした。

この意味で、野球の試合自体はかろうじて禁止されなかった。しかし、「要綱」中、体育の大会は重点体育種目中の特に必要なものに限定すること(文部省の認可が必要)、入場料徴収の禁止、対校試合はその学校の校地内で行うことが盛り込まれた。これにより、大学総長などの判断により対校試合の野球は実施できるものの、数万の観客を集める神宮球場の六大学リーグ戦大会は、実施できなくなったのだった。

文部省体育局長は次のように語っている。

いはゆるスポーツ本位競技会や催物本位の従って比較的少数学徒に限って実施される体育でなしに、真の体育訓練を日常不断にあまねく全学徒をして実施させるといふことを大きな狙ひ所としてゐる、球技について……は、数種目を決定してこれでしばるのは学校長の教育的活動を制限することゝなって面白くない、私は今の学校長はすべて時局に対する認識も深くまた学徒の体育はどこが狙ひであるかをよく知ってゐる人たちばかりであると信じてゐる。

（『読売新聞』一九四三年三月三〇日付朝刊）

体育教育も全学生を対象とした戦争に有用な訓練でなければならなかった。談話中の「催物本位」とは、観客を重要な要素としてきた六大学野球リーグ戦のあり方を指している。興行的で体育教育にふさわしくないと、文部省が従来批判を繰り返してきたものだった。

上記の「要綱」の発表に対し、各校の責任者は談話を発表した。早大の杉山謙治（錬成部副部長）は早慶の対校試合は今後行っていくと述べる一方、帝大当局者は文部省と早々に打ち合わせると述べ、また法政大錬成部では「リーグ戦がなくなれば野球部など存在しなくなるのではないか」（『読売新聞』一九四三年三月三一日付夕刊）と述べている。中等学校以下では愛知につづき、茨城、長野、富山、青森で、県当局の判断により野球が禁止された。

そして、「要綱」発表の八日後、文部省体育局は連盟理事長（代理）を呼び出し、「戦時学徒体育訓練実施要項《ママ》ノ趣旨ニ基《もとづ》キリーグ戦形式ニ依ル試合ハ爾今《じこん》之ヲ取止メルコト」「従ッテ東京大学野球聯盟《れんめい》ハ之ヲ解散スルコト」とした覚書[7]をつきつけた。連盟もなすすべがなく、文部省の要求通り、四月二八日にその解散決議書を文部省に提出した。これにより大正末年以来の歴史を持つリーグ戦は、幕を閉じたのだった。

「最後の早慶戦」に出場した森は、連盟解散を伝えた「華かな十九年　黄金時代の思ひ出」の新聞記事をスクラップにした横に、次のように記した。

　リーグ戦がなくなって草分け時代の真の学生野球が出来るといふ気もしないではないが
それは負け惜しみ　本当はとても淋《さび》しい　何だか気が抜けたビールの如《ごと》し

（森武雄氏寄贈資料、早稲田大学大学史資料センター所蔵。一九四三年四月七日の覚書）

「最後の早慶戦」主将の笠原は、次のように回想している。

　我々のショックといったら、大きいなんていうものではない。とても言葉で言い表わせないほどのものであった。

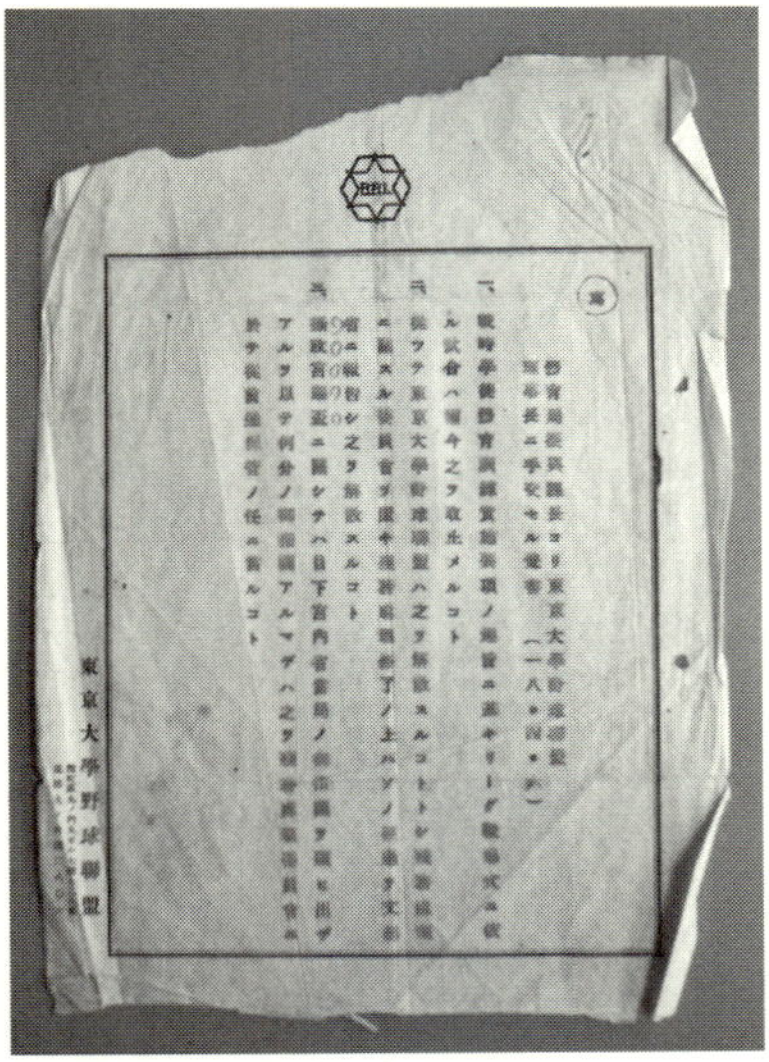

連盟解散の命令書（写し）。
（早稲田大学大学史資料センター所蔵）

明治、法政は野球部を解散するという話も伝わり、いったい我々はどうすればよいのかと、誰れしもが不安この上ない〝どん底〟の状態だった。

こんな時、たしか練習前だったたと思う。ユニフォームに着替えていた我々のところに、〔飛田〕先生が来られて、全員が講堂に集められた。

「お前らは試合のために練習しているのではない。練習によって、精神を養い、身体を鍛《きた》え、そして人間を作るのだ。いつ、どこへ行っても、さすが早稲田の野球部だと言われるようになれ。さぁ、これからすぐ練習するんだ」

言葉は正確ではない。だが〝練習せよ〟といわれた一言は、いまも、はっきりと脳裡《のうり》に焼き付いて離れない。

（『回想の飛田穂洲先生』）

それ以後、リーグ戦という目標がないなか、部員たちは嬉々《きき》として練習に励んだという。飛田も「母校早稲田に籠城する」（『球道半世紀』）と決意し、毎日午後にはその練習に参加し、部員選手にノックを施した。

飛田は弁天町の自宅より戸塚道場（球場）に通ったが、いつも愛犬「凡児」を連れてきた。当時、戸塚の外野は荒れて草が茂っており、ベンチの「凡児」は放たれると、外野に沈んだボールを口にくわえて返ってくる。ご褒美はいつも相田マネージャーの差し出すビスケットだった、と飛田は回想している。

かろうじて残された対校試合の可能性——飛田、また部長の外岡は、野球部の存続をかけ、対校試合としての早慶戦実現に新たな目標を見出していくのだった。

1 『野球界』一九三八年一月一日号。先輩村瀬（保雄）が松井宛ての女性ファンレターを選んで本人に手渡したが、真面目な松井はそのまま引き裂いて川に捨てていたと、記事はつづく。

2 二回戦制では、一校あたり、ほかの五大学と全一〇試合を行い、勝率上位校が並んだ場合優勝決定戦を行う規定であった。

3 当時「職業野球」と称されるプロ野球が存在したが、人気や入場料収入ではまったく六大学野球に及ばなかった。

4 伊丹は四二年八月に監督を辞任、野球部には監督がいなくなったが、一〇月に飛田が伊丹と共同で顧問に就任した。野球部は伊丹の先輩でもある飛田に指導されることとなった。

5 東京大学野球連盟『野球用邦語集』（一九四三年三月、外岡明氏寄贈外岡茂十郎関係資料、早稲田大学大学史資料センター所蔵）。

6 一九〇三―一九九一年。一九二九年より一三年間、法政大学野球部監督を務め、法政大学の六大学リーグ初優勝を導いた。また学生野球の発展に生涯尽力した（『野球殿堂二〇〇七』）。

7 「体育局振興課長ヨリ東京大学野球聯盟理事長ニ手交セル覚書」（外岡明氏寄贈外岡茂十郎関係資料、早稲田大学大学史資料センター所蔵）。

## 4　戦争と慶応野球部

一九三七（昭和一二）年七月の盧溝橋事件が日中戦争へと発展すると、世情に少しずつ暗雲が立ちこめ、学生野球は精彩を失っていった。一九三九年は慶応義塾にとって早慶戦が戦前最後の輝きを見せた年であったといえるであろう。

この年のリーグ戦において慶応は、投げては、軟投を武器とするエース高木正雄の活躍めざましく、守るは、宇野光雄、大館盈六の三遊間に、飯島滋弥、宮崎要を加えた豪打好守のいわゆる「百万ドル内野陣」、快足好守の筧金芳と根津辰治による機動力満点の外野、そして打撃では、四番打者飯島に、宇野、大館、宮崎、さらに井上親一郎、主将楠本保の強打をもってあたる最高の布陣で、いずれの試合も好ゲームを演じ、ファンを沸かせた。しかもこの年の六大学リーグは、春秋とも早慶戦が優勝決定戦となったのである。

春は、慶応先勝の後、早稲田に連敗を喫して二位に甘んじる結果となった。秋はその雪辱を果たすべく一一試合中一〇試合に登板した高木が、のちに「実にひねくれた球」（『慶応義塾野球部史』上巻）と評された緩球を自在に操って相手を翻弄、それを百万ドルの内野陣が支えて勝利を重ねて早慶戦を迎える。

1940年、ハワイ遠征時の慶大野球部員。後列左端は石丸重治部長。
（慶応義塾福沢研究センター所蔵）

ところが早慶戦第一戦は、再び早稲田に敗れて沈痛な雰囲気が慶応ナインを覆った。その夜の選手会で、野球部長石丸重治は一言、「くやしけりゃあ勝って見ろ」と選手を一喝して奮い立たせた、とのちの主将山村吉隆が振り返っている（『慶応義塾野球部史』上巻）。

石丸は、直前に恒松安夫から部長を引き継いだばかりであった。恒松が部長に就任したころ、部はドン底というべき低迷をつづけていた。部員が、そろって祈禱《きとう》師の厄払いに行ったという話さえ伝わるこの時代、彼らを励ましつづけ、部員を鼓舞するためにユニホーム姿で練習にまで参加したのが恒松であった。石丸の一喝は、ついに優勝することなく部長を退いたその恒松に優勝を捧げる気持ちを選手に喚起させたという。

二戦目を制し、迎えた優勝決定戦は、高木の好投の前に早稲田をヒット一本に押さえて勝利し、七年一三シーズン振りの優勝となった。

そのときの熱狂振りを『三田新聞』（一九三九年一〇月二五日付）は次のように伝えている。

テープと色紙の紙吹雪で薄暗い神宮の森にぱっと華が咲いた、喚声、怒号、狂喜乱舞、喜悦の坩堝《るつぼ》だ、踊つてゐながら涙が知らず〳〵の間に頬を伝ふ、選手も泣いてゐる、応援団長が大きなハンケチで顔を蔽《おお》ふて男泣きだ、斯《か》くてテープの赤緑黄の紙片をふつて天をも衝《つ》く勢ひで「若き血」「幻の門」「踊る太陽」「天は晴れたり」「丘の上」を絶叫、栄冠遂《つい》に我に与へられた。

宵闇の神宮で、応援団の歓呼に送られた選手たちは山中湖畔にある慶応の山中山荘で水入らずの祝勝会を行い、ファイヤーストームでは早慶戦に勝ったときだけ歌う「丘の上」を高らかに合唱したという。

しかし、先に詳述の通り、大学野球は、自粛ムードの時局のなかで容赦なく統制を強められていく。一九四〇年は文部省の指導で、週日試合が禁止され、春は二試合制（星を分けても二試合で終了）で行われた。そのため、慶立明が同率のまま閉幕し、初の優勝預かりとなった。秋は文部省がかねてより主張していた一本勝負となり、各校との試合は一回ずつという味気ないものとなった。慶応野球部は引きつづき六大学中最高の布陣といわれながら、早稲田と同率の二位に終わっている。

翌年八月には文部省体育局が六大学リーグに対して「指導理念」を示し、入場料全廃など興行的色彩の除去、個別選手に関する報道などの自主規制を迫った。

このように大学野球が徐々に肩身の狭い立場に置かれていったとはいえ、早慶戦は全国の小中学校で白球を追う少年たちのあこがれでありつづけた。毎年三月、武蔵新田の野球部合宿には全国中学の有力選手が集められ、野球部に入るため、何より越えねばならない大学予科または高等部への入学試験のため一〇日間ほど缶詰めの勉強会が行われた。毎年二〇人ほどが参加し、五、六人が合格したという。

一九四一年の場合、山県将泰（広島商）、久保木清（広島商）、増山桂一郎（敦賀商）、加藤進（愛知一中）、大島信雄（岐阜商）などがこれで合格している。大島は前年春の選抜甲子園で、京都商業を完封して優勝した勝利投手であるなど、いずれも当時の強豪校の有力選手たちであり、最後の早慶戦の選手となる面々である。普通部・商工学校からの内部進学者以外の選手は皆この前後に同様の勉強会を経て入学している。

神宮をいろどった各校の応援も時局への対応を迫られるようになっていた。義塾では、他大に先駆けた常設の組織として一九三三年に応援部が発足したが、不明朗な会計などを問題視され一九三六年に自主解散し、各学部・予科及び高等部の学会（学生の自治組織）から委員を選出してシーズンごとに組織する自治統制会が、応援のリーダー（指揮者）を務めていた。[1]
すでに日中戦争突入後の一九三七年秋のリーグ戦より、ブラスバンドの使用、色物や小道具を使った応援が規制されるようになった。自治統制会もさまざまに知恵を絞り、一九三九年春には、自粛の時流を逆手に取って学生の応援を極限まで我慢させて一挙に爆発させる「無言の応援」を導入、また、大歓声とともに体を左右に揺さぶって相手選手を圧迫する「ウェーブ応援」などを発案して成功を収めた。慶応が得点を挙げたときに応援歌「三色旗の下に」の「慶応、慶応、慶応」以下の部分を肩を組んで繰り返す「スリーケイオー」もこのころ誕生し、たちまち塾生に定着している。
一方で、失敗した応援も多く、一九四〇年「若き血」に合わせて学生服の上着を開閉する「開襟《かいきん》の応援」は、派手であるとしてすぐに神宮管轄の四谷警察署の指導で禁止、同年秋に登場した「沈黙の応援」は、まったくの沈黙をもって相手を威圧するという作戦であったが、塾生が我慢できず統制不能となり、大失敗に終わった。このときは、勝利後の「丘の上」も自粛され、万歳三唱に留められたという。三田に凱旋して大講堂で盛り上がった祝勝会もなくなり、いつの間にか銀座での宴会はおろか、学生同士が個人的に祝杯を挙げることさえはばかられるような世相となっていた。
日本が太平洋戦争に突入したころ、慶応野球部にも大きな変化が訪れていた。石丸野球部長が出征、加えて百万ドルの内野陣を育てた森田勇監督は一九四一年秋リーグをもって任期満了で退任した。さらに一二月には、それまでの新田から、日吉の体育会寄宿舎への合宿所移転が重なったのである。新しい合宿は蹴球（ラグビー）部との同居で、「慶応義塾体育会寄宿舎」の看板が掲げられていた。

石丸に代わって新しく野球部長に就任し、体育会寄宿舎主任（舎監）を兼ねたのは、社会思想史を専門とする高等部教員（のち経済学部教授）平井新《あらた》である。[2] 平井は、塾長小泉らとよく早慶戦を応援する熱心な野球ファンであった。蝶ネクタイをトレードマークとする英国式の紳士であった彼は、また厳格をもって知られ、合宿所に突如、内原訓練所（満蒙開拓青少年義勇軍の訓練所）式の軍隊式訓練と規則を導入し、騒動が勃発する。朝六時起床、舎前に集合し、宮城遙拝《きゅうじょうようはい》（皇居への最敬礼）、戦没者慰霊の黙禱からはじまり、夜は九時消灯、平井みずから部屋を点検するという生活に、部員が猛反発したのだ。

「良き時代の自由主義的な気分が濃厚で、良い意味に於ても悪い意味に於ても最も合宿らしい雰囲気があった」（『慶應義塾野球部史』上巻）という新田の合宿からの大転換に、選手たちには体調を崩す者も現れたため、規律は上級生の自治に任せてくれるようにと、部員たちは再三申し入れたが、聞き入れられなかった。これに対して山本英一郎、長良治雄ら上級生は新田でのストライキに突入した。泊まり込みの抵抗は約半月にわたり、マネージャーの中井卓三は、野球部の大先輩で東京大学野球連盟会長の平沼亮三にまで相談して苦衷を訴えたという。

「百万ドル」の一人宇野は、新田でストライキ中の様子を次のように振り返っている。

僕らが日吉に行くと下級生が「頑張って下さい」という始末、一方、平井先生は「合宿に入らないのなら退部させる」と言い出された。双方から板ばさみになった僕らは、ついに「それならやめようじゃないか」ということになった。これが時の塾長小泉信三先生の耳に入って、いよいよ僕らが退部という直前、塾長宅に呼び出された。

（『慶応義塾野球部史』上巻）

仲裁に入った小泉はその経緯を、出征中の石丸前部長に書き送っている。

平井君は昨年の暮就任し非常の熱意を以《もっ》て事に当り、就任匆々《そうそう》スパルタ的訓練を実施したところ選手は突然のこと丶て恐慌を起こし、主将宇野、副主将岩本をはじめ上級生一同（大館一人を除くの外）連袂《れんべい》脱出（寄宿舎から）といふ不穏状態となりました。僕を以《もっ》て見るに、一には平井君熱心の余り些《いささ》か性急且《か》つ説明不十分の嫌ひがあったと共に、上級生なるものがまた些か無反省の事実があった。小生も傍観し難いので、平井君の諒解を得た上で宇野、岩本を宅に呼んで話をしたこともあります。別段その効き目といふ訳ではないが、選手もその非を覚《さと》って平井先生に陳謝し、平井君も心釈《と》けて、三月一〇日から猛練習といふことになりました。

（『小泉信三全集』第二五巻前）

小泉の仲裁後、部員たちはしぶしぶ朝から点呼を取られる日課に従った。はじめ、平井が宮城遙拝の方角を誤り、横浜に向かっていることを部員が指摘したが聞き入れられず、しばらくは宮城（皇居）にお尻を向けて最敬礼していたという奇談も伝えられている。まもなく、部員たちは要領をつかみ、朝の点呼が終わると再び布団に潜り込むようになったが、「シーズンに入ると不思議と、これ迄にあったモヤモヤが解消し全てがうまく行くようになった」（『慶応義塾野球部史』上巻）のであった。

こうして迎えた日米開戦後最初の一九四二年春シーズンは、波瀾の幕開けとなった。開幕の四月一八日、帝都東京を最初の空爆が襲ったのだ。いわゆるドーリットル爆撃である。神宮上空もB—25爆撃機が通過した。対法大戦のためすでに入場していた幼稚舎生は、非常時の訓練を積んでいた自治統制会の指導で急きょ退避させられる事態となり、開幕は一週間延期された。このことは大勢の観客が集まる六大学野球の「危険性」を文部省が強調する格好の材料となる。

このシーズンは、必ずしも厚くない投手陣のなか、エース山村吉隆が奮闘、それを成田敬二が助け、新人左腕の大島信雄もそれを支えた。早慶第一回戦は、三時間を超える新記録の試合時間で結局競り負け、翌日はさらに四時間に迫る試合で連敗を喫することとなったものの、新人別当薫《べっとう》が五割という、大正年間に記録されて以来の史上最高打率で首位打者となった。

秋の早慶一本勝負は、山村と早稲田吉村英次郎の投手対決となったが、慶応が競り負け、リーグ五位に甘んじる結果となった。大学野球を管轄する大日本学徒体育振興会関東支部結成の動きを受けて、このリーグ戦が六大学リーグとしては最後となるとの認識が広がっており、『三田新聞』（一〇月二二日付）には、このときの早慶戦について「最後の早慶戦」という表現も見える。物資不足も野球に及び、普段練習に使うボールはスフ（人造繊維）入りで飛ばず、二、三度打つとひしゃげてしまう代物となっていた。

応援に対する理不尽な逆風もますます激しくなっていた。一九四一年秋の「沈黙の応援」失敗を受けて、再び積極的な応援に復したものの、「敵性語」への風当たりも強くなり、伝統の「ヒップ、ヒップ、フレー」のかけ声は、廃止が議論された。幸い自治統制会会長三辺《さんべ》金蔵の機転で「蹶起《けっき》、蹶起、奮え」といい替えることとなり存続が決まった。また明治末からの伝統の応援歌「天は晴れたり」も瀬戸際に立たされた。

天は晴れたり気は澄みぬ／自尊の旗風吹きなびく
城南健児の血は迸《ほとばし》り／茲《ここ》に立《たち》たる野球団
　ラ慶応　ラ慶応／慶応　慶応　慶応……

第一回早慶戦の勝利投手桜井弥一郎が一九〇六（明治三九）年秋の早慶戦第一戦の前夜に作詞したこの歌は、独立戦争におけるワシントンの活躍を称える唱歌の替え歌であることから、自粛すべきとの声も強かった。しかし、こちらも三辺の判断で存続された。

「敵性スポーツ」野球部存続の名目は、野球の練習が軍に入隊後の基礎体力に貢献するということであった。そのため、選手たちの生活は半分が練習、その後多摩川までの往復マラソンや、武装しての行軍といった日課に様変わりした。一九四三年三月に、神宮外苑と井の頭公園間の往復を、重武装の関東の大学・専門学校のチームが競った競争において、慶応野球部も早稲田同様の涙ぐましい奮闘を見せたことが『学徒出陣　最後の早慶戦』に詳しく記されている。

しかし、そのかいなく四月に入って、東京大学野球連盟は文部省から解散を命じられるに至る。前年九月宇野、大館らの繰り上げ卒業によって主将となった山村が率いる野球部は、わずかに対校試合の可能性だけを残して、野球をつづける日々となってしまった。

戦時中の応援風景。指揮を取るのは自治統制会の吉沢幹夫。（＊慶応義塾福沢研究センター所蔵 3）

だが同年九月には山村らも繰り上げ卒業を迎える身で、学生は誰もが、自分ももうすぐだという自覚を抱いていた。郷里の知人や近所の若者たちは二〇歳を迎えて続々戦地に旅立っている。そのなかで同年代のわずか三パーセントほどの者が、学生として徴集延期の特典を得ていることへの一抹のむずがゆさがあったというのも事実であろう。野球部マネージャーの水野次郎は、この年の春に野球部を去っている。時局柄もはや野球どころではないと考えたという。ほかにも同様の理由で野球部を去って行った者たちは少なくなかった。それもまた、学生のなかにあった、一面の雰囲気である。

暗い世相の一方で、物資が乏しいゆえに、お米や肉、甘いものやアルコールについて、後援者や先輩、学校関係者やファンからの差し入れや誘いもあり、野球部員たちはそれぞれに楽しみも見つけて、制限の多い青春を懸命に燃やしていた。

＊

ところで、慶応義塾長小泉信三は野球部といかなる関係にあったのだろうか。「最後の早慶戦」が実現に至る経緯の前提として、小泉と慶応野球部との関係に触れておこう。

慶応義塾において今日、スポーツの分野での活躍をたたえる最も名誉ある賞が「小泉体育賞」と名付けられているように、小泉は学生スポーツへの理解が深かったことで知られる。スポーツと名のつくものにはおよそ関心があり、みずからも明治末に慶応庭球部の大将として、高師（東京高等師範学校）・高商（東京高等商業学校）の二官学が圧倒的強さを誇る庭球界に早・慶を加えた四強時代を現出することに大いに力があった。教授となってからは、低迷していた庭球部を、部長として激励し「庭球王国慶応」と呼ばれるまでに成長させている。
そのかたわら、欠かさなかったのが早慶野球戦の観戦であった。小泉は、一九〇三（明治三六）年、三田綱町グラウンドで第一回早慶戦が行われたとき以来の観戦者であった。早慶戦はほとんど欠かさず観戦し、慶応の出ない試合も「敵情視察」と称してよく通った。
それだけに勝敗へのこだわりも人一倍強かった。一九二五（大正一四）年、戸塚で復活早慶戦をともに観戦した教え子の寺尾琢磨（のちの経済学部教授）は、その試合が一一―〇の大差で敗戦に終わった直後の小泉の様子をこう記している。

とたんに先生はヌッと立ち上って黙って歩き出されたので、仕方なく後について行ったが、いつ迄《まで》たっても黙って歩くだけ、とうとう飯田橋まできてしまった。後で先生曰く、負けた様子が頭にこびりついて、タクシーを呼び止める知慧《ちえ》も出なかった、と。

（『小泉信三先生追悼録』）

復活後最初の一九二七（昭和二）年の慶応優勝の瞬間も、水原リンゴ事件のときも、小泉は神宮にいた。
戦前戦後の小泉が、早慶戦に常に一喜一憂したことは娘たちもエッセイに綴っている。いわく、「戦前のある時期は、慶応の野球の勝敗が、家の気分を支配していた、と云っても云い過ぎではなかった」（『辛夷の花　父小泉信三の思い出』）、「縁起をかつぐというようなことをしない父に、『このネクタイでこの間勝ったから』と言わせるほど、早慶戦は特別なのであった」（『父小泉信三』）。

戦後になるが、普段は神宮の貴賓席で観戦する小泉が、家で家族とテレビ観戦したときの様子も少し引いてみよう。

都合で父が家に居て、一緒に見る日もあった。旗色の悪い試合を父と見るのは嫌なものだった。〝危ない〟とか、〝大変だ〟とか、あるいは〝もう駄目そう〟とか、私たちは言わずにいられない。それはすべて父の嫌いな言葉であった。殊に〝もう駄目らしい〟が気に入らなかった。そう口に出すことが、選手の士気にも関わるというわけなのである。球場から離れた麻布の一廓で、私たちは言論の統制を受けていた。負けそうになると母と私は顔を見交わして〝負けそうね〟と目で話し合う。テレビのごく近くには父が岩のように坐って、黙って見ている。「勝敗は、最後のバッターが打ちとられるまでわからない」と全身が語っているのであった。

（『父小泉信三』）

早慶戦応援が、塾生の教育上も極めて有用であるとの小泉の信念は塾長就任前より堅く、一九三二年六大学野球の興業的色彩などが社会問題化し、文部省主導で年一シーズン制が議論されたときにも、審議に加わった義塾体育会理事槇智雄に長文の反対意見を書き送っている。対校競技を禁圧すれば学生が勉強するようになるというのは誤りであって、むしろ学生の学業に対して好影響を与えられるように工夫すべきである、と強く主張するものであった。

　野球部の成績が低迷したときも、わざわざ合宿に足を運んで選手を激励したり、早慶戦後の選手を慰労するために駆けつけるといったことは、日常のことであった。塾長就任後も、早慶戦前はもちろん、普段の練習を見学に訪れることもあり、キャッチボールに加わることもあった（河内卓司談）。選手の顔も名前も把握しており、先に引用したストライキの際の書簡を見ても、いかに野球部に注意を注いでいたかが知れよう。

　小泉の早慶戦に対する姿勢を端的に示すのが、次の一文である。

> かりに対校競技に熱中した体験を持たずに終わった学生生活は、学生生活というに値しない、というものがあっても、それはさほどの言い過ぎとは思われない。たかが運動競技などというのは、出世主義の秀才あたりの言い草にすぎない。
>
> （『報知新聞』一九六三年一月一日付）

　小泉と早慶戦の関係を示すエピソードには切りがない。医学部教授加藤元一は、戦後まで三〇年以上応援部の部長であったが、自分の授業が早慶戦の日にあたると「僕の講義は別の日にもできる。早慶戦に行き給え。大事なものが得られる」といい、「小泉さんは解ってくれている」とよく口にしたという（『塾友』一九六六年九月号）。その影響もあってか、当時の応援部員には医学部生が非常に多い。

こんな話もある。一九四二年春に日吉で行われた義塾同窓会（現在の慶応連合三田会大会）において、恒例の幼稚舎生対慶応ＯＢの野球試合が行われた。先発は東京大学野球連盟会長平沼亮三、リリーフに登板したのは小泉であった。これに対して幼稚舎生から「ピッチャーわけーぞ」とヤジが飛んだ。生ぬるい投手に対して神宮で向けられるお決まりのヤジであった。それに対して小泉はおどけて見せて、会場は大爆笑となった（和田裕談）。塾長の野球熱が知れわたっていたゆえの笑いであった。

東京大学野球連盟に解散の危機が迫っていた一九四二年暮れから四三年初めのころ、連盟理事であった早稲田の飛田穂洲と、法政の藤田信男が、解散をまぬがれようと八方手を尽くした末に、最後の切り札として小泉に救いを求めたのも、そのような長年の経緯が塾外まで知れわたっていたからだった。小泉にとっては、長男信吉《しんきち》が南太平洋方面で戦死した報が届いたころのことである。六大学リーグの事務所があった丸ビルにほど近い丸ノ内ホテルの一室で、小泉は連盟理事と会談し、窮状を聞かされた。その場にいた飛田によれば、小泉はそれを黙念と聞いていたが、最後に「私の力で出来るだけのことをして見ましょう」と静かに答えて席を立ったという（『球道半世紀』）。

幼稚舎チームに話しかける野球着姿の小泉塾長（中央）。1936 年春の義塾同窓会にて。右端は作家水上滝太郎。（慶応義塾福沢研究センター所蔵）

まもなく、永田町の首相官邸で体育に関する審議会が開かれ、出席した小泉は「敵性スポーツ」とされる野球や庭球の弾圧が無意味であり、国の処置が偏頗に過ぎることを指摘、さらに真に一億一心の線にそわんとするならば、一部にしろ国民を無用に刺戟《しげき》する言動施策のようなものは避けなければならないと、文部省の反省を促したという。陸軍兵務局長や文部省の体育局長も居並ぶ席上であったといい、委員の平沼亮三からこの会議の様子を聞いた飛田が、その様子を書き残している[4]（同前）。しかしその効もなく、一九四三年四月に六大学リーグが解散を命じられたのは前述の通りである。

こうして一九四三年も半ばを過ぎ、夏も暮れようとしていた。戦争が厳しさを増しても、三田の中庭にそびえる大銀杏《いちょう》の辺りで、秘書らとキャッチボールをする小泉の姿が、しばしば見られたという。慶応義塾の「塾風」の振作を心がける塾長小泉と、それに応える塾生、そして学生スポーツに対する小泉の日ごろの姿勢や野球部との関係、そういった背景のなかで、あの試合が持ち上がることとなるのである。

1 応援部及び自治統制会の後身が現在の慶応義塾大学応援指導部である。ちなみに慶応では対早稲田戦を「慶早戦」とも呼んでいる。とりわけ応援指導部にはその伝統が濃く、当時から現在まで徹底されている。一方で、一般に「早慶戦」という言葉が定着している以上、それを尊重するという立場も慶応のなかに根強く、形式への無頓着に慶応らしさを認める考え方もある。両校の共催で行うイベント、たとえば「早慶戦一〇〇周年記念試合」などは、慶応側が譲り「早慶戦」とする申し合わせを応援部同士で交わしているという。本書ではその趣旨で「早慶戦」に統一しているが、このことにも長年にわたる両校の強いライバル意識を感じ取れよう。

2 正確には、一九四一年一二月に体育会日吉寄宿舎主任に就任、翌年三月蹴球（ラグビー）部長に就任、野球部長就任は同年八月である。この間野球部長は浅井清であったが、実質は寄宿舎主任就任以来部長の任にあたった。

3 一九四三年一二月学徒出陣組の経済学部生が作成した記念アルバム（原題は「卒業記念アルバム」）所収写真。以後、このアルバム所収写真は「＊慶応義塾福沢研究センター所蔵」と表記する。

4 このエピソードに必ず名前の出る「体育審議会」なる審議会は管見のところ確認できず、一九三九年「体育運動審議会」を改めて発足した「国民体力審議会」がそれではなかろうか。

# 第2章

# 開催まで

## 1943年夏〜早慶戦開催まで

## 1　幻の「春の早慶戦」

一九四二（昭和一七）年一一月ごろのことであろう。ある雨の日、秋季リーグ戦を優勝で終えた早稲田大学野球部の合宿所に、入営していた先輩松井栄造が突然訪ねてきた。「最後の早慶戦」の主将、笠原和夫は次のように回想している。

合宿所の玄関で〝オース〟という大きな声がとどろいた。……私がでてみると、そこに松井栄造先輩（岐阜商）が立っているではないか。「あっ、松井さん、久しぶりですね」というと「このままで入ってよいか」といわれた。ゲートルを巻いているので軍靴が脱げないのだ。……松井さんは合宿の雰囲気が懐かしかったのだろう。あちこちをながめまわしたり、三人の合宿のばあちゃんにも声をかける。そして「もう時間だから」と、約一時間ぐらいも話したろうか、あの陸軍式の敬礼を残して合宿を後にした。

（『学徒出陣　最後の早慶戦』）

早稲田大学を繰り上げ卒業した後、四二年一〇月に豊橋予備士官学校を卒業して見習士官となった松井は、「勇敢に戦ひ抜いて微笑《わら》って死んで行った雄々しい姿を想像して下さい」との遺書を残して、中国戦線へと派遣されていった（『戦争9　戦没野球人』）。士官学校を卒業した松井が最後に合宿所を訪ねたのも、野球部とその後輩たちへの訣別《けつべつ》の思いが込められていたようである。

そして四三年四月、東京大学野球連盟が解散したまさにそのころ、松井は第七中隊付《づき》として「江南殲滅《せんめつ》作戦」に参加し、五月二八日湖北省宜昌《ぎしょう》県索牛嶺にて戦死したのであった。

松井は当日、夜の八時ごろ、高地に布陣する中国軍を目指して匍匐《ほふく》接近し、「突っ込め」と叫んで、十数名の部下と突撃作戦を行った。戦闘終了後、姿が見えずみんなで捜したところ、鉄かぶとの正面に被弾したその遺体が土塁《どるい》脇に発見されたという（同前）。享年二四だった。

索牛嶺の華　元早大の松井投手散る

森武雄がスクラップした松井の戦死記事。
（早稲田大学大学史資料センター所蔵）

第1章「3　戦争と早大野球部」で述べた通り、松井は六大学野球の花形だった。また、その温厚でまじめな人柄は後輩から厚くしたわれており、松井の戦死という事実は野球部員にどれだけ衝撃を与えただろうか。とりわけ岐阜商業以来の野球部の後輩、近藤清と森武雄にとっては、戦争と死について、身近に感じずにはいられなかっただろう。近藤の手元には、松井より予備士官学校在学時に送られた手紙が一通、形見として残された。

> 御無沙汰した。今日現地教育の為鳴海へ遠征した。想ひ出多き鳴海の球場を左に見ても感激無量だった。全然応援団のない野球試合が淋しく見られた。……リーグ戦はどうですか。考へ違ひの上級生振りをいましめる様、あくまで新鮮味を失はないで頑張って下さい。森君は如何《いかん》。もうそろ〳〵頭角を現はす可《べ》き時機だね。力を合せてよろしく頼むよ。[1]

　一方、森は戦死発表の当日、合宿所にやって来た報道関係者から、その事実を耳にした。「松井さん死んじゃったな、早いな、あほやわ。見習士官だから、軍刀をもってトップでいかなきゃいかん、そんなものは死ぬに決まっている」という当時の合宿所での言葉が、六十数年たった現在でも森の脳裏に刻み込まれている。

*

　しかし、野球部に衝撃となったのは、松井の戦死だけではなかった。野球部にとって日々の練習の目標であり、またもっとも重要な意味をもつライバル慶応との対校試合まで中止されてしまったのである。

先に六大学リーグ戦という大きな目標を失った野球部ではあったが、杉山謙治錬成部副部長が連盟解散時に明言した通り、早慶戦自体は文部省の容認する対校試合として、継続されるはずだった。飛田穂洲は次のように述べている。

> 選手学生一体となって母校のために戦ふといふ、こうしたことは対校試合でなければ到底得られるものでない。下らぬ例だが学校を失敗したから早稲田を腰掛けに来年また高校〔帝国大学に進学できた旧制高等学校〕を、などと言ふ不心得者でも、早慶戦の全校そろった血潮の中に巻込まれて非常な感激を受けて、結局早稲田でなければなどゝいふ奴がよくあった。……母校を愛する気持——これには是非機会を与へなければならない、選手を中に立て全体で対抗《ママ》試合するとき、始めて愛国的気分になるのである。
>
> （『早稲田大学新聞』一九四三年四月一四日付）

飛田にとって対校試合、とりわけ早慶戦は、「個人主義」を排した「全体」的精神、また「全体」的な愛国心の教育に不可欠なものであり、単なる早慶野球部同士のスポーツ試合ではなかった。[2] 選手を中心に全校学生を巻き込む早慶戦は、戦争における前線（選手）と銃後（観戦学生）の関係にたとえられ、野球場は訓練と闘志を高揚する戦場でもあった。

しかし、慶応が六大学リーグ戦春季大会の代わりとして申し込んできた早慶戦の開催に対し、早稲田の田中穂積総長は難色を示した。「戦時学徒体育訓練実施要綱」により、早稲田の対校試合における認可権限は「学校長の裁量」、すなわち田中総長にあったのである（第1章3参照）。この結果、四三年五月二〇日付で「総長ニ報告ノ結果現在ノ情勢下ニ於テ早慶対校野球仕合ヲ行フ事ハ適当ナラズ」[3]として、その開催中止が学内に通達されたのだった。

飛田の回想によれば、田中総長は野球部の解散を強要するつもりはないが、試合によって多くの人を集めるのはこの際不穏当であり、文部省の指導に従うべきであると述べたという。これに対し、飛田は国技館の相撲は多くの人を集めており、相撲がよくて野球がよくないのはなぜか、そもそも誤りである文部省の方針に従う必要があるのかと激論半日に及び、「大学から一切の指図をうけない」と告げて退出した（『球道半世紀』）。

飛田はその憤りを当時、次のように記している。

由来、早稲田の運動部は如何《いか》なる時、如何なる場合に於ても挑まれて応じなかったことはなく、自らも亦《また》それを一種の誇りとしてゐた。……慶応は、大学の代表者が一度相約した以上、これを反古《ほご》にすることは怪《け》しからぬから、その不信を天下に公表するといき巻いたといふことであるが、全く尤《もっと》も千万といふべく、春の早慶戦は戦はずして見事に早稲田の敗北といふべきであった。

（「『学徒出陣』の早慶戦」）

田中総長の懸念は、神宮に数万の人々を集めた早慶戦というものの魔力、早慶戦独特の興奮と熱狂による不測の事故、早稲田学生の試合後の脱線などによる文部省への刺激にあっただろう。厳しい時局下でそのような事態を引き起こせば、早稲田大学にとっては大きなマイナスだった。

一方、大学の意思決定の場に野球部より唯一参加できたのは外岡茂十郎部長であるが、外岡によれば、早慶戦中止の経緯は次の通りだった。

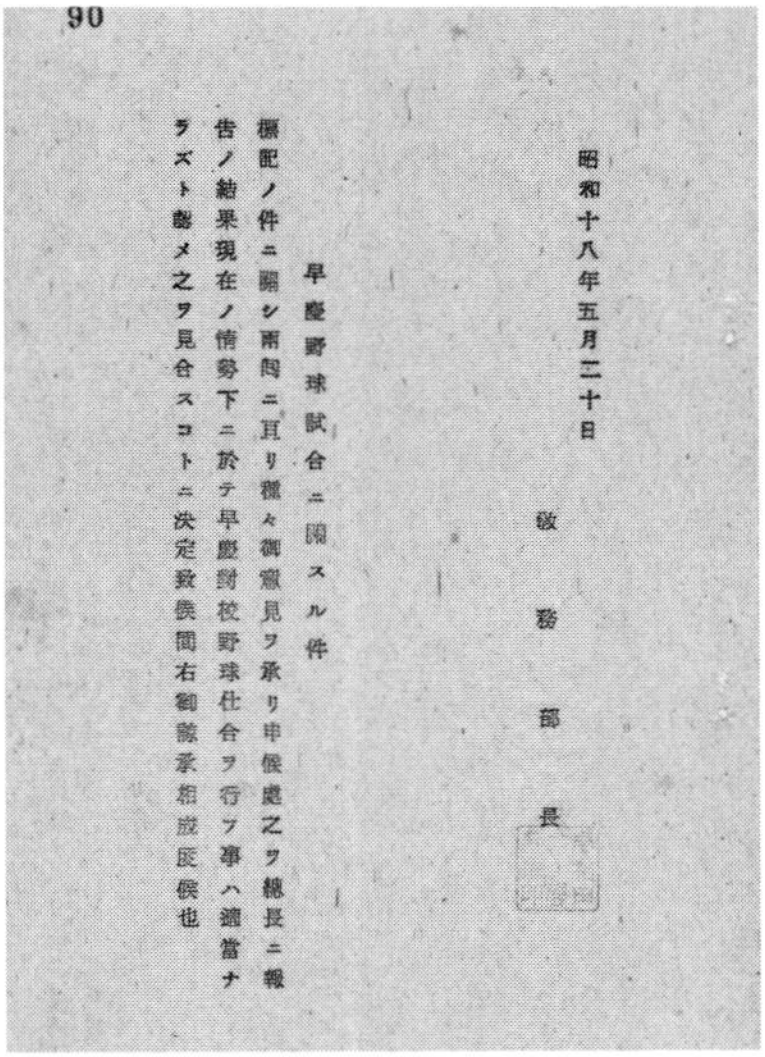
90

昭和十八年五月二十日　教務部長

早慶野球試合ニ關スル件

標記ノ件ニ關シ兩回ニ亘リ種々御意見ヲ承リ申候處之ヲ總長ニ報告ノ結果現在ノ情勢下ニ於テ早慶對校野球仕合ヲ行フ事ハ適當ナラズト認メ之ヲ見合スコトニ決定致候間右御諒承相成度候也

早慶戦中止を通達した書類。
（早稲田大学大学史資料センター所蔵）

外岡が早慶戦を開催したいと考えた理由は、反戦というものではなく、猛練習している部員に何とか好機会を与えたいためだった。外岡が田中総長に「慶応からの試合申し込みに応じたい」と話したところ、田中総長は「国をあげて戦争一本にしぼられている最中、ことに空襲も予想されているときに、早慶戦などをやって大勢の人を集めることはどうか」と難色を示した。そこで、外岡が報国隊（第1章1参照）第二部隊幕僚として、早慶戦による観客の集合・退散はちょうど報国隊の防空練習になるとこじつけたため、田中総長は報国隊の部隊長会議を招集した。そこで三日間も討論をつづけ、採決の結果九対六で開催賛成の結論を出した。しかし、司会を務めた杉山謙治錬成部副部長は、あらかじめ「採決は総長の決裁の参考資料にすぎない」と述べて承認を受けており、結局田中総長は多数意見を翻し、開催中止を決定した[4]――。

あれほど国民を熱狂させ、学生のみならず教職員も切符割当・獲得に熱を上げたという早慶戦だったが、時局の深刻さはそれを許さないものとなっていた。

*

『早稲田大学新聞』には「早慶戦見合せ」の記事は五月二六日付で出た。そして、同日の二六日、「道場ニ立入リ投球等ヲ為シ教練ヲ妨碍《ぼうがい》スルモノ尠《すくな》カラザルハ極メテ遺憾」とした「戸塚道場使用ニ関スル件」が通達され、学生（野球部員）の平日三時・土曜正午までの使用が禁止された[5]。また、六月二三日よりは鉄製品供出の国策に応じるため、戸塚道場照明塔の撤去作業がはじまった。

一方、野球部は五月二日に戸塚道場にて、帝大と対校試合を行っている。しかし、飛田編集の野球部史では、試合内容が素っ気なく「八対二にて早大勝」と記されたのみだった。

また、六月一九日には「学生野球将来の運命を賭して」、早大野球部内の高等学院生・専門

始球式を務める田中総長。（森武雄氏提供）

部生対抗試合が戸塚道場にて行われている。これは外岡部長が企画した対抗戦で、学部生も参加が予定され、三チームで開催される「定期試合の序曲」という触れ込みだった（『早稲田大学新聞』一九四三年六月一六日、二三日付）。始球式を田中総長が務めた通り、これは早慶戦を中止した田中総長の野球部への配慮でもあっただろう。しかし、野球部員にとり、これが中止された対校試合・早慶戦への代わりの試合となるだろうか。高等学院の部員からすれば、学部生は部内の直接の先輩だったし、専門部生も先輩か、少なくとも毎日練習をともにする同志だった。

敵はやはり慶応でなければ、というのは野球部員の偽らざる心情だったに違いない。

1 この手紙は近藤清の遺品アルバムに添付されていた（近藤幸義氏所蔵）。

2 自由主義的な学風を受け、ベースボールという「ゲーム」をより楽しむため、ひとつひとつのプレーを理論的根拠にもとづき行うという（「科学的ベースボール」）慶応野球部に対し、飛田等の早大野球部では野球のなかに「人生」を見出し、徹底的な練習によって精神を養うという「野球道」を掲げていた。

3 教務部長「早慶野球試合ニ関スル件」。「早稲田大学本部書類」五―六五第九〇丁（早稲田大学大学史資料センター所蔵）。

4 外岡茂十郎『フェア・プレー　その日・その時』より。一部、外岡茂十郎「戦時体制下最後の早慶戦と体育局設立当時の思い出」（早稲田大学大学史編集所顧問会記録、一九七五年七月八日）を参照した。

5 「早稲田大学本部書類」五―六五第九三丁（早稲田大学大学史資料センター所蔵）。

## 2　学徒出陣と早稲田

戦局がいよいよ劣勢に転じた一九四三（昭和一八）年九月二一日、東条英機内閣は不足する軍の下級将校を補充するため、在学生に認めていた徴兵延期について、その停止を決定した。一〇月二日公布の勅令により、満二〇歳に達している者は[1]一〇月二五日から一一月五日までに臨時徴兵検査を受け、早稲田大学の場合理工学部・専門部工科生などを除き、陸軍では一二月一日に入営することとなった（海軍は一二月一〇日入団と後に発表された）。早稲田大学からは、五八〇〇名の学生が戦場に赴くはずだった。

「校門から営門へ――今こそ学徒進撃の至上命令は下った……学徒は如何《いか》に今日この日を腕を撫《ぶ》して待ってゐたことか、熱願の日この日こそ文科系統全学徒がペンを措《お》き銃を執り天晴《あっぱ》れ国家の干城《かんじょう》として輝かしい皇国の勝利を担って怒濤《どとう》の如く営門をくゞるのだ。学徒が熱魂火と燃えて仇敵米英討滅の熾烈《しれつ》なる決戦場にまっしぐらに突撃すべき光栄の日が来たのだ」とは、『早稲田大学新聞』一九四三年一〇月六日付の紙面である。

日の丸の旗に恩師の揮毫《きごう》を請う学生、友人と大隈講堂を背景に記念撮影する学生、また新学期のため上京したが本籍府県での徴兵検査のため、再び帰る学生などさまざまであった。

「最後の早慶戦」に二塁手打順一番で出場した、森武雄（当時、商学部三年）も、その日記「学徒出陣」[2]冒頭に次のように記している。

来るものが来たといふ感じ。かねて覚悟してゐた秋《とき》が来たのであって、あへて驚きはしない。でもいざ決ってみると口ではえらそうな事を云ってゐても、あれやこれやと、征く日迄にやっておきたい事で一杯で何となく落着けないものだ。
この世に生を受けて廿有四年、今かうして静かにふりかへってみると長い様で短い気もする。万感胸に迫って感慨無量。

日記は四三年一〇月一日より同月二八日まで記されており、家族や友人との別れを思い、また戦地での死をも意識する青年の手記として、読む者の胸を打つ貴重な記録である。そして、偶然にも「最後の早慶戦」（一〇月一六日）前後をその当事者として記録した、数少ない歴史資料となったのだった。

ところで、「学徒出陣」を前にした、当時の早大野球部はどのような状況にあっただろうか。四三年九月に予定された繰り上げ卒業により、四二年秋季リーグ戦に活躍した由利繁《しげる》（主将）、町谷茂、吉村英次郎らが退部することとなっており、六月に野球部最上級年次の笠原和夫が新主将に就任していた。そして、四〇年入部の相田暢一《ちょういち》が引きつづきマネージャーを担

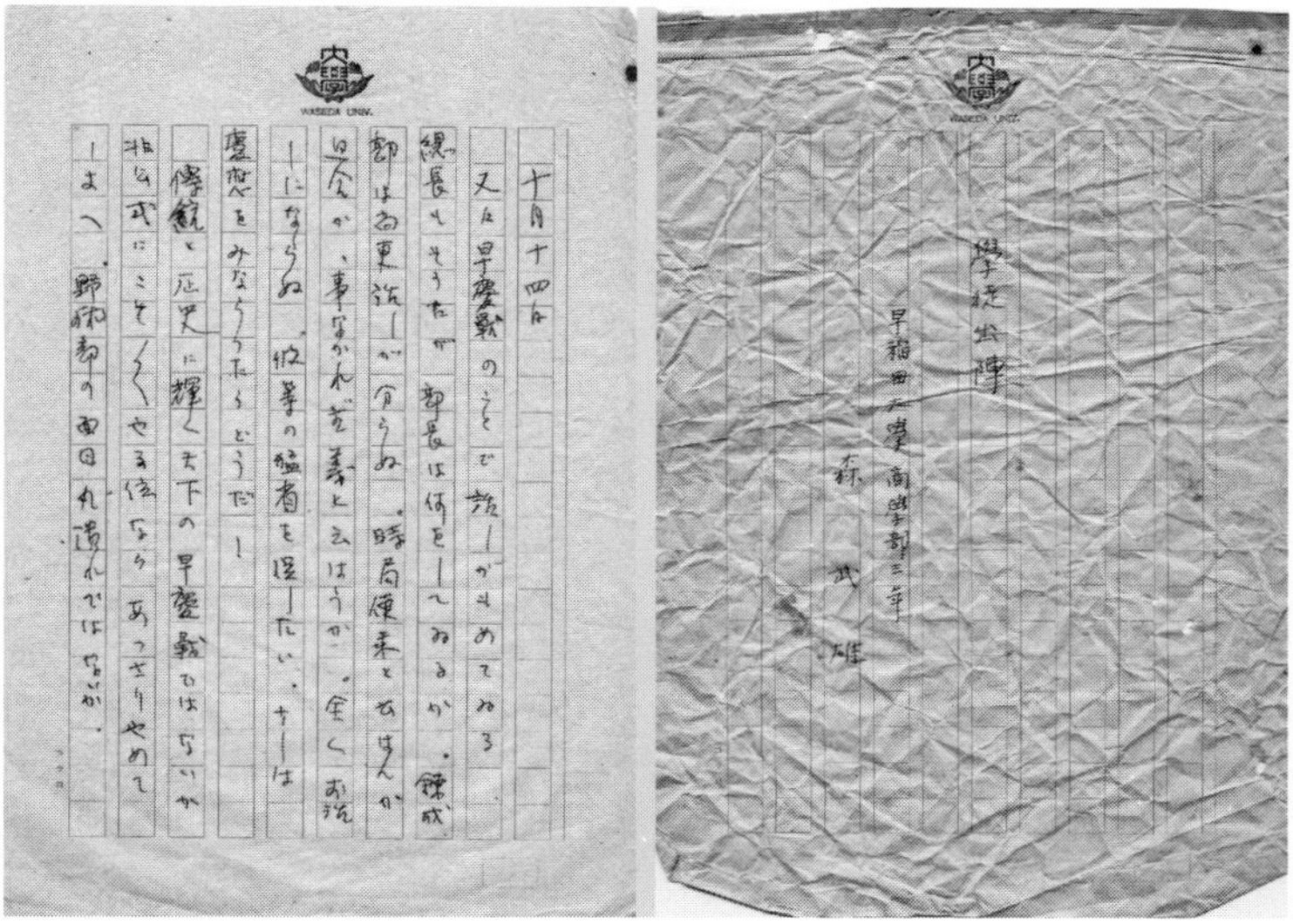


右　森武雄「学徒出陣」表紙。左　同1943年10月14日。
（早稲田大学大学史資料センター所蔵）

当し、同年入部の森、近藤清、伊藤利夫を先輩格に、四一年入部の岡本忠之、吉江一行、鶴田鉦二《しょうじ》郎《ろう》、壷井重治、四二年入部の永谷利幸、伴《ばん》勇資《ゆうじ》、岡崎宏太郎、山村博敏等がつづく体制だった。

特筆すべきは正捕手の座で、四二年春季リーグ戦以来近藤が不動の正捕手だったが、飛田は捕手の座を伴などのために空け、近藤をレフトに移している。

主将・笠原の回想によると、近藤はしばらく練習したものの慣れないレフトに不安を覚え、飛田にショートへの再変更（近藤は岐阜商時代にショートの経験があった）を進言するよう、笠原に願い出た。しかし、飛田は忍耐強い近藤の精神力を買って笠原の進言を却下した。ショートには、捕手の伴と同年の永谷をすでに配置していたからである。

笠原から飛田の言葉を聞いた近藤は、「すぐさま一塁ベンチの後ろで練習を見守っている飛田先生のところへ飛んでいった。そして一言『有難うございました』といって全力でレフトの守備位置に走っていった」という。

背中を丸め、一目散に走る近藤の姿が、笠原にははっきりと記憶されていた。（以上、『学徒出陣　最後の早慶戦』）

飛田が下級生の永谷や伴をレギュラー格に抜擢《ばってき》したのは、将来の六大学野球復活をにらんでの采配だった。

しかし、四三年度に向け野球部の新体制が成り立ったとはいえ、以前のように公式試合があるわけではなかった。本来ならば秋季リーグ戦を目標に、野球部員の闘志がいよいよ高まるときである。部員の気持ちを汲んだのだろう、伊丹安広顧問は「秋には真に時局に相応《ふさわ》しい学生野球を再現しなくてはならない」（『相撲と野球』一九四三年九月一日号）と述べ、飛田もまた「秋は是非とも早慶戦だけは決行しなくてはならぬ」（「『学徒出陣』の早慶戦」）と考えていた。

そして、九月二二日午後七時半、内閣情報局および東条首相の「重要放送」により、この節の冒頭で述べた在学生徴兵延期の停止が発表されたのだった。満二〇歳以上の文科系学生が「学徒出陣」対象者となったが、野球部主力選手の大半がこれに該当し、年齢上残れる部員は吉江、鶴田、山村、また四三年入部の石井藤吉郎、桜内一《はじめ》、谷山正夫など半数程度だった。

「あく迄米英を撃滅するんだ。米英の奴等が再び立上る事が出来な〔い〕様にするんだ。頑張っつ《ママ》て頑張り通さねばならない。山本元帥のアッツの軍神部隊の仇《あだ》を討つまでは断じてたをれても止まず」と森が先の日記（一〇月一日）に記したように、当時の学生には「学徒出陣」が当然の責務と覚悟されただろうが、一方で「懐しい母校を離れて、戦塵の中に身を投ぜんとする彼等の胸中の感懐もまた見落とし難いものがあった」[3]〔飛田〕（「『学徒出陣』の早慶戦」）というのも事実だっただろう。

戦況の悪化は誰もが肌で感じるところだった。多くの部員にとって、「学徒出陣」は厳しい練習が練習のままで終わり、愛する野球が二度とできずに、戦地あるいは死へと赴くことを意味していたのである。

---

1　正確には前年の一二月一日からその年の一一月三〇日までの間に年齢二〇歳となる者である（『徴兵制と近代日本』）。

2　森武雄「学徒出陣」（森武雄氏寄贈、早稲田大学大学史資料センター所蔵）。

3　徴兵延期停止が発表された際、飛田は野球部員全員を合宿所の講堂に集め、「練習はつづける。そして最後にはなにか君達の思い出となるようなことを早急に考え、それを実現させよう」（『学徒出陣　最後の早慶戦』）という意味のことを述べたという。

## 3　学徒出陣と慶応義塾

勇壮な軍艦マーチにのせてラジオから流れていた戦果は、いつしか悲壮な海ゆかばとともに伝えられるようになっていた。一九四三（昭和一八）年に入ると、ガダルカナルの転進、山本元帥戦死、アッツ島玉砕と、戦局は目に見えて悪化した。

国の認める教育機関に在学中、二〇歳を超えた男子に課せられていた兵役の義務を、一定年齢まで猶予していた徴集延期（徴兵猶予）の特典が、戦局の悪化から停止されること――すなわち、二〇歳以上であれば学生であっても戦場に向かういわゆる「学徒出陣」――が発表されたのは、一九四三年九月二二日夜七時半からの東条首相のラジオ演説においてであった。つづく一〇月二日の「在学徴集延期臨時特例」公布で、徴兵検査・入営の日程やそのほかの詳細が発表された。

ただし理系学生などについては、一一月の陸軍省告示により徴兵検査を経た上で入営は延期される措置が取られた。理系の大学教育・研究は戦争遂行に「緊要」と考えられたからである。この結果、義塾では大学文系学部・同予科、高等部の在学生四二〇〇名余のうち、三〇〇〇余名が出陣し、医学部・同予科、藤原工業大学学部・同予科の二〇歳以上の学生は徴兵検査を受

（日刊）
朝日新聞

女子動員、男子に代替
都市施設を地方分散
學生の徴兵猶豫停止

國內必勝態勢を强化
廿六日迄に各省具體案を提出

國內態勢强化方策

一億が戰鬪配置

徴兵猶予停止を伝える当時の新聞。（『朝日新聞』1943 年 9 月 23 日付）

けた上で「入営延期」となった。

塾生たちはいつ、みずからが兵役に就くことを理解したのであろうか。出陣した塾生の一人、経済学部本科一年三上英博は、徴集延期停止が発表された日の日記にこう記した。[1]

九月二十二日（水）晴天、甚だ涼し

……帰宅すると大学から通知があり。十月十日より一ヶ月北海道派遣（勤労動員）のための身体検査を行うとの事であった。……父から学校が閉鎖になるらしいと聞かされる。そうかも知れない。北海道も一ヶ月は長過ぎると思った。勉強などとても出来ないから。果たして夜になると、ラジオで東条首相の講演あり。国内体制の整備強化について語り、文科系統学生の徴兵猶予停止（廃止に非ず）

が言われた。直接戦争任務を遂行せしめるとの事である。恐らくは事実上の閉鎖であろうと思われる。塾長はそれを見越して北海道行きを決めたものであろうと父は言っていた。

翌日の日記にはこうつづく。

　まだ具体案を知らされていないので何となく落ち着かない。十一月に海軍予備学生の二次募集があれば早速応募するつもりである。飛行機でも構わない。ただ自分には飛行機操縦の適性があるだろうか。筋肉も鍛えねばならない。

　当時文学部本科一年、野球部員の矢野鴻次は、友人たちと箱根旅行に行っていて、ラジオ放送を知らなかった。翌朝旅館で新聞の一面を見て、大騒ぎになった。遊んでいる場合ではないと、予定を切り上げて早々に東京へ戻ったという（矢野鴻次談）。

　開戦の日、日吉で快哉を叫んでいた上原良司は、ラジオ放送の夜、下宿の一室で羽仁五郎著『クロォチェ』の扉に家族や知人に宛てた遺書をしたためた。[2]

　遠からず戦場に行くことは知っていた身とはいえ学生たちがそれぞれ激しく動揺していた様子が感じ取れよう。

　そして一〇月二日に、残された学生生活がわずか二か月弱であることが明確に発表されるに至って、三上は覚悟を固めたかのように次のように記している。

新聞によれば、我々は徴兵猶予停止の結果、十月二十五日より臨時徴兵検査で十二月一日の入営と決定した。遂に来るべきものが来た。（一〇月二日付）

塾長小泉の態度は、前述のごとく、開戦に至ったからには勝つために協力し、勝たねばならぬ、というものであった。この態度は、終始一貫、徹底したものであり、学徒出陣にあたり、ある新聞に寄せた一文でも、文部行政の慌ただしい変化による学校運営の混乱を指摘しつつ、次のように記した。

今回の徴集猶予停止により屈強にして意気潑溂《はつらつ》たる学徒が戦線に動員されることは時局下極めて当然のことであり、自分としては全学徒と共に待望の秋《とき》遂に到るという考えで一杯である。元来学徒が学問の道に精進し来ったのは将来真に国家の要請する有為の材となり国家に役立たんがためであった。然るに今や戦局は苛烈《かれつ》を極め祖国が興廃の岐路に立つ緊迫した今日、学徒また一切を擲《なげう》って国家と運命を共にすべきはいうまでもない。……この際政府は聊《いささ》かの遠慮も要らない、断じて学徒を徴集されたい。学徒は蹶然《けつぜん》ペンを銃に代えて戦場に赴き御民われの熾烈《しれつ》な尽忠精神をもって国家の柱石としてその身を鴻毛《こうもう》の軽きに置くであろう。学徒は国家のため大いなる命の下るのを待っていたのだ。当局は急速且《か》つ徹底的に学徒を徴集し、出来るだけ早く優秀な兵隊を戦線に送り出し皇軍の威力に一層の光輝を添えて貰《もら》いたいと思う。戦いに勝利を得ればまた学徒は学問の道に励めばよい。その日が来るまで学徒は一切を捨て戦場に赴くべきである。学徒としてもこのことを深く深く反省し自覚してその信念に聊《いささ》かの動揺なきよう念願してやまない。

（『小泉信三全集』第二六巻）

こういった発言は、先述のごとく塾長の立場上の発言として理解する者と、行き過ぎた発言として違和感を抱く者が相半ばした発言の典型といえよう。

入営入団の日が確実に近づくなかにあって、学生たちは残された学生としての日々を惜しんだ。地方から上京している者は、月末に迫った徴兵検査のため、そして家族や旧友たちに別れを告げるため、続々と帰郷する。

「幻の門」の正面にあった掲示板には、塾長名の告示が貼り出され、帰郷の際は「父母の膝下《しっか》に事《つか》へ」遺憾なきように、また帰塾の後は「再び精励して学事に力《つと》め」「学生々活の始終を完《まっと》う」してほしいと記されていた。

出陣する学生のうち、翌年九月に卒業予定の者は希望により「仮卒業」の扱いとなり、それ以下の者は無期休学となったが、授業は直前まで通常通り行われ、在京の学生を中心に普段通

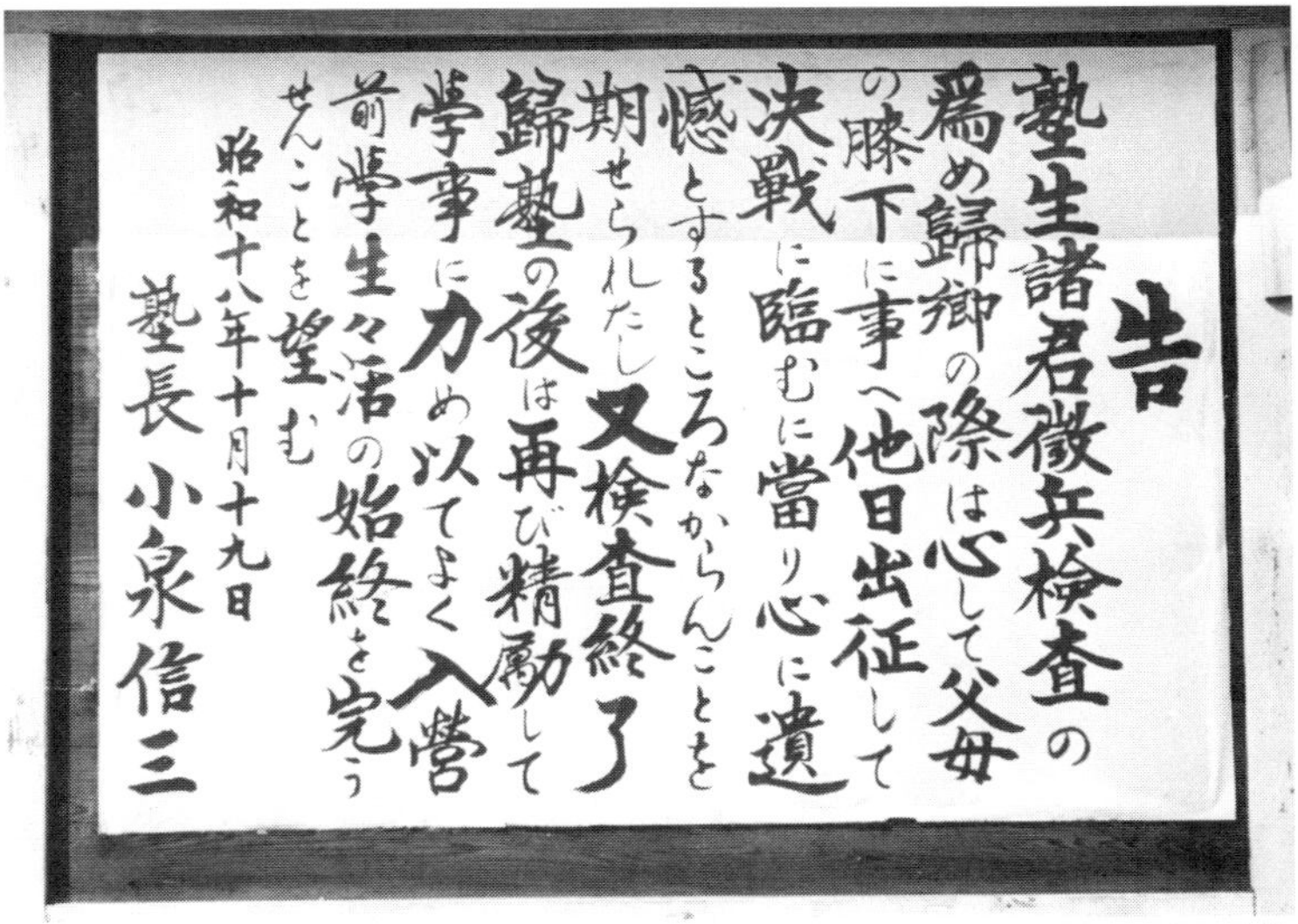
告
塾生諸君徴兵検査の
為め歸御の際は心して父母
の膝下に事へ他日出征して
決戦に臨むに當り心に遺
憾とするところなからんことを
期せられたし又検査終了
歸塾の後は再び精勵して
學事に力め以てよく入營
前學生々活の始終を完う
せんことを望む
昭和十八年十月十九日
塾長 小泉信三

「幻の門」の掲示板に張り出された出陣塾生に向けた塾長告示。（慶応義塾福沢研究センター所蔵）

りの学生生活を送った。最後まで学業にも全力を尽くして欲しいという趣旨か、義塾主催の壮行会は他大より遅く、一一月下旬に設定された。

時局柄、和服姿は改めるようにと、配属将校からたびたび注意を受けていたという経済学部教授高橋誠一郎は、『三田新聞』の学徒出陣記念号（一一月一〇日付）に和服姿の顔写真とともに「征《ゆ》かんとする慶応義塾学徒」と題してこう記した。

慶応義塾の学徒は今、故〔福沢〕先生の精神を承け、国難を払ひ、東亜共栄圏確立の理想実現の為めに雄々しくも立たんとして、尚《な》ほ且《か》つ冷静なる態度を失はず、講義の場を去らうとしない。斯《か》くの如きものは実に、明治元年五月、官軍の砲撃を受けて上野の堂塔皆炎上するの日、砲声を聴き焔煙を見ながら静かに講席を終った慶応義塾魂の七十六年後の再現とも称す可《べ》きものであらう。

上野で彰義隊と官軍の激しい戦闘が起こり江戸市中が大混乱に陥った一八六八年五月一五日、当時、芝新銭座にあった義塾では砲声とどろくなか、福沢諭吉が時間割通りにウェーランド経済書を講義した、という故事を引いて、塾生たちの姿を称えたのである。

東京在住の三上の日記には、普段通りの授業の様子が生き生きと綴《つづ》られている。[3]

伊藤政寛さんの政治学特殊に出席。十二番教室で雑談であった。「昨年、君たちがまともに卒業できると思えないと言った予言が現実になったね」と言った。

（一〇月九日）

二時間目の高橋誠一郎教授の経済学史に出る。相変わらず和服姿で教壇に立つ。結婚指輪（エンゲージリングに非ず）は牛の鼻輪から進化したという話だけ記憶した。

（一〇月一二日）

登校したら英《はなぶさ》〔修道〕さんはまだ来ていなかった。やがて現れて講義はつまらないが言う事は相変わらず傑作だ。しかし、話には熱があり何物にも屈しない気概が見える。とにかく変わった教師だ。終わって三十一番教室で及川〔恒忠〕教授に堀川、黒川と共に出る。支那の話。割合面白いが脱線ばかり。ノートを出させるそうだ。出席を取って終わる。……帰宅。古い答案で点の悪いのは風呂を沸かす時燃やした。整理がついてよい。

（一〇月一三日）

大ホールで竹村〔武村忠雄〕さんの国防論の講義を聞く。その後教練に出席。体操して行軍。三田から代々木まで歩く。そこで体操してから解散。

（一〇月一四日）

高橋誠一郎の講義風景。背後に塾長訓示が見える。
（＊慶応義塾福沢研究センター所蔵）

教室に行き浅井〔清〕さんの戦時行政法を聞く。つまらない標本のような講義だ。

（一〇月二〇日）

二時から三十三番教室で木原大佐〔配属将校〕の講演に出た。入営および入ってからの注意であった。「意地のわるい古兵が、俺たちが新兵の時は先輩にご馳走したものだなどというかも知れんが知らん顔しとれ」「新兵と連隊長の間には霞がかかっているんだぞ」と面白い話もあった。

（一一月一八日）

のちに塾長となった石川忠雄（当時経済学部本科一年）は、学生生活の証を残して戦場に行きたいと思い、法学部教授伊藤政寛に相談し、友人と三人でハーンショウ編『反動と復興の時代の代表的思想家の社会的、政治的思想について』を翻訳した。残されたわずかの日々、日曜休日も返上ですべてを注ぎ込み、清書の上伊藤の自宅へ持参したという。

「私たちの生きたささやかな証として先生のお手許に残していただくことになり、肩の荷をおろしたような気持ちになった」（『禍福はあざなえる縄のごとし』）とのちに記している。

当時法学部政治学科本科一年生田正輝（のちの法学部教授）は、出陣直前の印象深い別れを二つ伝えている。塾長小泉と法学部教授板倉卓造とのエピソードである。

小泉さんは、日の丸を持って出征の挨拶に塾長室を訪れる塾生に、一人一人激励しながら「祈武運長久」を揮毫《きごう》していた。私が挨拶にうかがった時、揮毫が終ってからふと顔を上げて、私を見つめながら、「君も征くのか……、死ぬなよ」とつぶやくようにいわれた。私は多少個人的に小泉さんに接していた故でもあろうが、今でもあの言葉と淋しそうな顔とは、私の脳裡《のうり》にこびりついている。

……板倉さんは厳格で、大変おっかない先生ということで、なかなか近寄り難いようなところもあった。出征に際しても、実は恐る恐る挨拶に参上したが、いろいろと機嫌よく話された後で、例の皮肉っぽい調子で、「そうか……、意気がって犬死なんかするんじゃないよ」と一言。これまた、私には強烈な衝撃であった。（『回想五十年　慶応義塾と私』）

三田の山の芝生には、学生としての最後の日々を惜しむ塾生たちが集い、語り合った。慶応義塾が三田に移転してきた一八七一（明治四）年以来、義塾の歩みを見つめてきた、あの大銀杏の葉を、想い出にそっと拾う塾生の姿もあった。塾生たちは、限られた時間を一日一日心に刻みつけて、兵役に就く日に一歩一歩近づいていったのである。

1　三上英満「昭和十八年日記」（ワープロ筆写版・慶応義塾福沢研究センター蔵）。
2　この遺書の全文は『新版　あゝ祖国よ恋人よ』所収。
3　教員を「さん」で呼ぶのは、福沢諭吉の時代からの義塾の伝統のひとつ。「先生」という大仰で漢学者流の敬称を嫌い、また学問に完成はないという「半学半教」と呼ばれる義塾の考え方にもとづくもの。学内の休講掲示などがいまなお「君」づけでなされるのも同様の趣旨。

## 4 「最後の早慶戦」開催に向けて――早稲田

このようなときに、慶応野球部の平井新《あらた》部長が早大野球部顧問の飛田穂洲宅を訪問し、出陣学徒へのはなむけとして、早慶戦開催を提案してきた。日付はおそらく先の九月二二日から数日後のことと思われる。[1]

平井部長の申し出に対し、飛田は「熱情を披瀝《ひれき》して早稲田の幹部を説き、慶応の誠意に応へよう」(『球道半世紀』)と決意し、ただちに外岡茂十郎野球部長を訪問すると、「是非やらうではありませんか、私は職を賭してゞも此れが実現を図ります」(同前)との外岡の返答を得た。しかし、これ以後一〇月一六日の「最後の早慶戦」試合開催にこぎつけるまでには、紆余曲折の道をたどることになった。

この試合開催までの経緯(早稲田側)は、一般的には次のように理解されている。

慶応側の申し出を受け、飛田や相田暢一《ちょういち》野球部マネージャーは試合をぜひとも開催したいと早大当局に働きかけた。しかし、慶大の小泉信三塾長が試合開催に協力する一方で、早大の田中穂積総長は飛田らの要請を断固として拒絶した。早大野球部は最後には飛田の決断により、大学の許可を得ないまま慶大側と試合開催に踏み切った。

このような試合開催に至る経緯は、戦後間もなく刊行された『早稲田大学野球部五十年史』（飛田穂洲編集、一九五〇年三月）に詳細に記述されている。しかし、ここで記載されている経緯の最も大きな問題は、飛田の決断により、大学の許可を得ないまま慶大側と試合開催に踏み切ったという点である。つまり、大学当局の何らかの許可なくして、どうして戸塚道場（球場）を使用できたのか、という問題である。戸塚道場は大学の施設であり、大学の許可がない限り、野球部が独断で使うことはできないのである。この点を前提にして、試合開催に至るまでの経緯を描いてみたい。

壷井重治（森武雄氏提供）

冒頭で述べたとおり、慶応側の試合申し込みがあり、外岡部長や飛田がそれを喜んで受け入れたとの情報は、早速「学徒出陣」を控えた野球部員たちにも伝えられたようである。

先に取り上げた壷井重治（第1章3参照）の両親に宛てた手紙には、以下のようにある。

いよ〳〵最後の新学期が始まらんとし

て居ります。学校も各運動部も出来る所まで今のまゝで続行する事に決定致しました。

十一月に臨時検査が有るとの事ですが未定です。何れ来年早々には帝国軍人の一人です。云っては悪いが義兄の様に上等兵殿では終らぬつもりです。二階級特進と云ふやつが自分の為に待ってゐる様な気が致します……最後の早慶戦が来月九・十日とあります。一度自分の野球姿を見てもらひたかったが、遂に機会はなかった。何より残念です。[2]

この手紙には日付がないが、大学の新学期の開始、徴兵検査日程の発表はともに一〇月二日だから、おそらく九月末ごろに書かれたものと思われる。この手紙から分かるように、早慶戦開催は当初、夏休みが明けた次の土・日（一〇月九日・一〇日）の組み合わせが適当と考えられたようだ。実際にはさらに、次の週の土・日の組み合わせ、つまり一〇月一六日開催、雨天延期の場合は翌日の日程で、調整がはかられることになる。

ところが、この後、事態は早大野球部員の期待するようには進まなかった。[3]

慶応側は長く六大学野球リーグ戦の舞台だった神宮球場での試合開催を希望した。多くの観衆を集めた大舞台での開催こそ、戦場へ向かう学徒たちの最後の壮行試合にふさわしい、と考えたのである。

しかし、先の「戦時学徒体育訓練実施要綱」に照らしても（第1章3参照）、戦技訓練でもない野球を特別扱いする神宮での早慶戦に、文部省が賛成するはずはなかった。

1943年夏ごろの早大野球部メンバー。（近藤幸義氏提供）

神宮での試合開催が困難であることを知った慶応平井部長は、次に早稲田の戸塚道場での試合開催を提案してきた。球技は学校の校地内で行う、というのが「戦時学徒体育訓練実施要綱」の方針であり、戸塚道場は文部省に反対されようもない会場だった。慶応側が戸塚道場を提案したのは、自校の日吉のグラウンドにはスタンドがなく、壮行試合として学生を集めるには、スタンドを持つ戸塚道場でなければならなかったからである。

けれども早大当局は、戸塚道場での試合開催を容易に認めようとはしなかった。こうした大学当局の意思が田中総長のものなのか、それとも錬成部長によるものかは、資料上明らかにできない。この問題に関する田中総長の言動は明らかではなく、また田中自身、日記に何も記していない。[4]

大学当局の懸念は、戸塚道場の管理責任に関することであって、野球弾圧というようなレベルの問題ではない。その点は、「最後の早慶戦」の三日前（一三日）に、早立戦が戸塚道場で行われたことからしても明らかである。かつて神宮球場に数万の観衆を集めた早慶戦であるがゆえに、戸塚道場に一般観衆が押しかけ、混乱が生じることに早大当局は懸念していたのである。

そうした混乱への危惧は、当時の時局を考えた場合、大学の管理者として当然の判断であっただろう。戦局が悪化し、国民が配給生活に耐え忍んでいる当時の状況からすれば、学徒出陣を控えているとはいえ、早慶戦で騒いでいる場合ではないのである。

とはいえ、すでに慶応野球部から打診があり、早稲田の野球部内でも開催を期待する声が高まっていたため、外岡部長や相田マネージャーは大学当局との間で交渉をつづけていった。

その結果、一〇月九日になり、大学当局はひとつの結論を出した。それは、試合に関して大学当局は正式には認可しない、だが、野球部が責任を持つという条件つきで、戸塚道場の使用を認めるというものである。つまり、大学間の公認試合としての「対校試合」ではなく、早慶野球部間の試合としてとり行うものとし、その上で、戸塚道場の使用を認めたのである。[5]大学当局がその使用を認めた最も大きな理由は、この試合が出場選手・観戦学生も含め、出陣学徒に向けての壮行試合と考えたからであろう。ペンを置かざるを得なくなった学生たちを前にして、早大当局も戸塚道場での早慶戦の開催を黙認したのである。

飛田や外岡も、上記の条件で折り合い、慶応平井部長もこの条件を了承した。早慶戦開催への大学当局と野球部との合意は、外岡部長より「最後の早慶戦」に出場することになる森武雄にも伝えられた。森はその喜びを日記にこう記している。

十月九日
早慶戦がやれるかも知れない。外岡部長の話しあり。本当に出来たらこんな喜しい事はない。最後に是非やり度いものだ。　十一時

日記には、つづけて次のように記されている。

十月十一日　八時起床
秋晴れの好い天気。気持まで晴々しくなる様な青い高い秋の空。それは何んと気持のよいことよ。……

早慶戦も十六日決行と決定す。最後の早慶戦今の世の名残りに頑張らん。慶応は練習不足とは申せ相手にとって不足はない。僅か数日ではあるが最後に野球道に精進せん。

禁酒禁煙を誓ひ。毎晩スイングを行ふこと。

思ひ残すことのない様力一杯戦ひたい。

勝負は度外視するなどと部長は云ったが戦ふ以上どうしても勝たねばならぬ。
私の野球生活の最後に早慶戦が出来るとは何んと有難いことか。
今夜はとてもお月さんが綺麗だ。
虫の鳴き声も澄み涼気爽かなり。
十時半

この翌日の日記には「家より徴兵検査の通知来る。来月一日二日と決定す。体力手帳送る。」とある。徴兵検査までもはや三週間もなかった。右の一一日の記事中の「最後の早慶戦今の世の名残りに頑張らん」という表現には、戦地に赴く森の早慶戦への深い思いが表現されている。

一三日は戸塚道場で早立戦が行われた。出場した森は「4A―2で勝つ、戦績からいふと余り良くないが気持の良い試合であった。」と、記している。

＊

しかし、この一三日、思いがけない事態が発生した。早慶戦開催が、「出陣学徒壮行試合」として『早稲田大学新聞』に載り、翌日には全国紙（一四日付）にも報道され、社会の関心ごとになってしまったのである。

これでは一般の観客が殺到することも予想され、大学当局が想定していた壮行試合を大きく逸脱することになる。だが、二日後に控えた試合を、もはや中止するわけにはいかなかった。そこで、観客の殺到を避けるため、『早稲田大学新聞』に発表された試合開始時間である午後一時には試合を終わらせることを、大学当局は野球部に命じた。この問題につき、大学当局の杉山謙治錬成部（野球部の上部組織、第1章1参照）部長と相田マネージャーは三時間にわたり押し問答を繰り返したという（『学徒出陣　最後の早慶戦』）。

このときのことを、野球部員としての立場から、森は次のように記している。

十月十四日

又々早慶戦のことで話しがもめてゐる。

総長もそうだが部長は何をしてゐるか。錬成部は尚更話しが分らぬ。時局便乗と云はんか迎合か、事なかれ主義と云はうか。全くお話しにならぬ。彼等の猛省を促したい。少しは慶応をみならったらどうだ！

伝統と歴史に輝く天下の早慶戦ではないか。非公式にこそ〳〵やる位ならあっさりやめてしまへ。野球部の面目丸潰《つぶ》れではないか。

何んと慶応に顔が立つか。

唯学校当局者の反省を希ふのみ。我等に力無きを如何せん。あゝ。

天には一片の雲もなし。月澄み輝きたれど我等が心晴れず、面白くなし面白くなし。

十一時

当時、飛田は「何かあれば、おれが腹を切る」と、一切の責任を負う覚悟を固めており、また相田も大学に累を及ぼさないよう腐心を重ねていた（谷山正夫談）。結局、相田マネージャーは試合開始時間の繰り上げを了承した。そして、観戦のためにやって来る一般観衆を一切道場に入れないよう段取りを定めた上で、警察に通知して、当日は正午前より試合を開始することとした。

翌一五日（試合前日）の日記に、森は次のように記している。

十月十五日

愈々《いよいよ》早慶戦明日十時開戦と決定。兎《と》も角《こ》よれでよし〳〵。

午後から本当に最後の練習を行ふ。

晴の早慶戦を前に緊張した練習であった。調子は余りよくないが、精神力で敵を圧倒せん。夜講堂にてミーティングを行ふ。飛田先輩もお出でになる。先ず敵投手陣の検討より作戦会議を始む。大島、久保木、高松の順序にて検討す。この三人誰れが投げても練習不足もあるので徹底的ウェーティングシステムを採ることに決定す。打撃は大したこともあるまいと思はれる。兎も角大敵ではあるが恐るゝに足りない。然し伝統の戦であるだけに敵は背水の陣を布いてくるに違ひない。要は精神力で圧倒されることのない様注意せねばならない。

戦場に征く最後の早慶戦であるだけに、立派なよき思ひ出となる様な試合がしたいものだ。戦ひを明日にひかへて早く寝る。

この一五日には、先にふれたとおり、一六日の出陣学徒壮行野球試合――最後の早慶戦とは別に、大学主催の「出陣学徒壮行会」が、午前一〇時半より戸塚道場で行われた。田中総長は訓示の終わりで、次のように演説した。

征け諸君！ ……私は諸君の勇戦奮闘、武運の長久を心から念願し、他日諸君が勝利の栄冠を戴いて再び学園に還る日を鶴首《かくしゅ》して待つものであるが、併《しか》し乍《なが》ら、勇士は出陣に当って固《もと》より生還は期すべきでない、即ち身命を捧げて護国の神と為る、又男子の本懐たるを失はない。

（『早稲田学報』一九四四年一月号）

総長訓示の後、在学生の送別の辞・出陣学徒代表の答辞が交わされ、さらに「海ゆかば」と「都の西北」が唱われた。「大君の　辺《へ》にこそ死なめ」という「海ゆかば」の歌詞は、出陣学徒たちに近い将来の身の上をそれぞれ想起させたことだろう。

先の森の日記には、「学徒出陣」という悲壮な壮行会については、まったく記載がない。式典には関心がなかったのだろうか、むしろたった一日一試合限りの対慶応戦に、森の全意識が集中されていたようである。

一方、この一五日の壮行会直前、先に問題となった、試合を午後一時に終わらせる件につき、外岡部長は相田マネージャーより相談を受けていた。

外岡は急きょ相田を連れて、洗足《せんぞく》にあった慶応の平井部長宅に出かけた。外岡等は、「再三御迷惑をかけ、誠に申訳ないが、十時に球場へ来て練習を始めていただきたい」(『あゝ安部球場紺碧の空に消ゆ』)と頭を下げ、幸い平井部長は苦情をいわず、すべてを了承した。相田は、いまでも慶応側の度量に感謝の気持を持っていると、戦後に書き残している(同前)。

＊

さて、慶応側との種々の打ち合せを終え、外岡部長はようやく戸塚道場に戻ってきた。

すでに翌日の試合を前に、秋の夕日は落ち、球場には暮色が迫っていた。見ると、部員たちは一列になって、ほうきを手に荒れた球場を掃き清めている。そのなかには飛田の姿もあった。さらに外岡が球場に入っていくと、バックネット裏の厠《かわや》から森が飛び出してきた。

早稲田大学出陣学徒壮行会。1943 年 10 月 15 日。（関口存彦氏撮影・提供）

掃除は常に下級生の役であるが、上級生の森がバケツを手にし、みずから厠の掃除を買って出ていたのだった。にっこり会釈してきたその姿は、いまなおまぶたに浮かんでくる、と外岡はその回想録『フェア・プレー　その日・その時』に書き残している。

慶応への激しい敵愾心《てきがいしん》をかき立ててきた、幾たびもの早慶戦――最後の試合を前に、いまは敵でない客として慶応を迎えようとする、早大野球部の心意気であった。

**1** 飛田は平井が斡旋を求めてきたのは一〇月一六日であったとしている（「『学徒出陣』の早慶戦」）。これでは試合が開催された一六日まで一〇日間しかないことになるが、その間には慶応野球部員が試合をあきらめて帰郷し、再度上京し練習している（『三田新聞』一九四三年一〇月二五日付）。また、試合決行が確定したのは一六日の一週間前のことだった（同前）。従って、実際の平井部長の提案自体はもっと時期が早かっただろう。関係者の回想では、早慶戦の発端は「八月の暑い頃と記憶」（早稲田・相田）、「九月中ばごろ」（慶応・吉沢幹夫）、「約一ヵ月ばかり待たされていた」（慶応・河内卓司）（『学徒出陣　最後の早慶戦』、『戦争9　戦没野球人』）とある。

**2** 南さつま市万世特攻平和祈念館所蔵。「二階級特進」とは名誉ある戦死を意味する。

**3** 飛田は「最後の早慶戦」開催の二か月ほど後に、開催に至る経緯を記している。それには「〔外岡部長は〕直にこれを大学当局に図り、早慶戦成立に奔走するところがあった。しかも早稲田の当局からは多少の条件が提出されるなど、その会戦には相当難色を思はせるものがあった」（「『学徒出陣』の早慶戦」）と記されている。

**4** 早稲田大学には田中総長自身の自筆資料である「田中穂積日記」が残されている。この「日記」を参照すると、自身が反対した「春の早慶戦」の時期において、その問題について面会した外岡、飛田やその他の人物名が記載されており、「早慶野球仕合」、「野球部」、「野球リーグ」という語が散見する。しかし、「最後の早慶戦」が問題となっていた時期の日記には、一切これに関連する記述がない。

**5** 「最後の早慶戦」において、野球部が交渉の対象とした明確な当局は、体育会を統合し野球部の上部組織となっていた学徒錬成部であった。「春の早慶戦」の際は田中総長が錬成部部長を兼任していたが、「最後の早慶戦」の時点では、杉山謙治が錬成部部長を務め、田中総長は体育問題を直接的には管轄していなかった。このような点も、「最後の早慶戦」の経緯において、田中総長の動向が資料的に明確でない一因となっていると考えられる。

慶応平井野球部長は、「早慶戦といっても、……対校試合の如きは厳に許されなかったのである。それが駄目ならば、せめて内輪の対部試合でもというわけであった。」（平井新筆未定稿　慶応義塾福沢研究センター所蔵）と述べている。

## 5　最後に早慶戦を――慶応義塾

最後に早慶戦をやりたい、ということを最初に口にしたのは慶応野球部主将阪井盛一であった。ほかの部員に声をかけると、皆同じ気持ちであった。一般に、塾長小泉信三がみずから発案したイメージがあるが、慶応側当事者の回想を読み返すと、部員たちから声が挙がったという点は一貫している。[1]

阪井はこのことを相談するためマネージャーの片桐潤三とともに、野球部長平井新のもとを訪れた。それがいつのことであったかはあきらかでないが、東条首相のラジオ演説で、徴集延期停止が発表された一九四三年九月二二日から数日以内のことであろう。野球が好きでたまらない彼らも、まもなく兵役に就かねばならなくなった以上、ボールを離したくない熱情は、せめて不完全燃焼であった野球生活を最高の勝負、早慶戦で締めくくりたいという気持ちに自然にまとまったのであろう。[2]

阪井と片桐が熱心に説くところを聞いた平井はその意見を容れ、二、三日後に対校試合開催の責任者である塾長小泉を訪ねた。小泉は言下に賛成したという。

平井はつづけて早大野球部顧問飛田穂洲に、理由を告げずただお目にかかりたい、と電話をかけ、同日中に阪井・片桐を伴って弁天町の飛田邸を訪ねている。[3]このとき平井は、出陣学徒の最後のはなむけとして早慶戦を開催し、花々しく送りだしてやりたい、塾長も賛成してくれたので、早稲田側にも事情があろうかと思うが、実現に向け尽力してくれまいか、と依頼した。飛田は、驚きながらも賛意を示す。平井はさらに、ぜひとも神宮で、と話を進めた。神宮球場は、もともと六大学野球のために建設されたといっても過言ではなく、学生がこうした意義のあることに使うのに文部省体育局がかれこれいう筋合いはないでしょう、と平井はいったという（『球道半世紀』）。このやりとりが事実であるなら、神宮の提案も小泉塾長との合意があってのことである可能性が高い。[4]平井が自力で神宮の使用許可を得られるような時局ではなかった。

阪井がのちに「僕は、すぐにでもプレーボール出来るものと思っていた」（『戦争9 戦没野球人』）というように、このときの飛田の反応は、何らかの形での実現を確信させるものであったようだ。

九月二六日、三田大講堂において繰り上げ卒業者の卒業式が挙行され、野球部前主将山村吉隆らが卒業していった。

徴集延期停止の発表後、それが具体的にいつどのような日程で実施されるかという詳細の発表はまだなく、部員たちは落ち着かない日々を送っていた。無為に日を過ごすことはできない。しかしその後早稲田側から返事はなく、部員たちはいらだちを募らせていた。

一〇月二日、「在学徴集延期臨時特例」公布により遂に出陣までの日程が発表された。一九二三（大正一二）年一一月末までに生まれた者に対して一〇月二五日から一一月五日に本籍地において徴兵検査が行われること、陸軍の入団は一二月一日と決まった。それでも早稲田の返事はない。合宿にいる地方出身者は、一日でも一分でも多く、家族や親族、そして郷里の知友と、最後の時間を過ごしたいと思い、帰郷したいという声を挙げはじめていたが、それも以後いっそう強くなった。

部員たちのいらだちと焦燥を痛いほど感じていた主将の阪井は、毎日のように平井に様子を尋ねた。早稲田のことを悪くいえない立場からか、奥歯に物が挟まったような返事で要領を得ないものの、状況が極めて厳しいことを阪井は感じ取る。

野球部長平井新（『慶応義塾野球部史』上巻）

意を決した阪井が片桐とともに飛田を訪問したのは、一〇月二日の発表からまもないころと思われる。非常に暑い日であったという。飛田邸の縁側で、二人は主の口ぶりから早稲田大学当局が開催を渋っていると理解した。飛田は、必ず実現できるよう努力すると繰り返したが、阪井らは実現困難と確信して合宿に戻り、平井部長にその様子を報告した。平井はなお実現に尽力するとして、練習の継続を促した。しかし、阪井はこれ以上帰郷を望む部員たちを足止めできないと判断する。部員のなかにも生きて還れない者が出るかも知れない。一時でも郷里の親に孝養を尽くすのが、いまできる唯一のことだと決意した阪井は、平井の許可を得て部員を帰すこととした。

こうして選手たちは不完全燃焼ながら、このときをもって野球部での日々に区切りをつけた。もうこれで野球はできない、二度とボールは握れない、と心をさっぱり整理したのである。そして、それぞれ帰郷の途についた。当時の部員は関西方面の出身者が多く、主要な部員だけでも大島信雄は岐阜、長尾芳夫・加藤進は名古屋、別当薫は大阪、河内卓司・山県将泰・久保木清は広島、矢野鴻次は下関、増山桂一郎は敦賀であった。

ところで、阪井がこの時点で実現困難と確信した背景として、すでに早稲田側に記した、幻の春の早慶戦の経緯を見逃すことができない。

この年の春、六大学リーグ解散直後、慶応は早稲田に対校試合を申し込み、同じような経過をたどった。慶応野球部長平井が早稲田側に提案し、議論された。『早稲田大学新聞』(一九四三年五月十九日付)は、「学生の試合終了後の行動態度が従来と全く同様であるならば断乎《だんこ》としてこれが開催は中止すべき」としつつ、「学生が自覚と規律ある行動を取るならば早慶戦は行はれさうである」としていたが、最終的に田中総長の決断で中止と決まった。『三田新聞』(五月二五日付)はそのことを「早稲田側の事情により当分中止と決定した」と記しながらも、「事情の許す限り両校相見《まみ》える筈《はず》である」として部長平井の談話を次のように伝えている。

1943年春、傷病兵慰問試合での記念写真。本科生対予科生で戦った。（松尾俊治氏提供）

私は学徒野球が、今日特に必要な戦意の強化、士気の昂揚に役立つものと堅く信じてをり、この信念の下に義塾はどこまでも学徒野球を続けたいと思ひます。若し早稲田の事情が許すやうになりましたならいつでもやる積りです。

（『三田新聞』五月二五日付）

阪井は出陣直前の早慶戦について「一度ならず二度三度学校当局へ、早稲田大学野球部へその機会を得る様努力した」（『戦争9 戦没野球人』）と述べており、野球部顧問の和木《わき》清三郎も「六大学リーグが事実上解体してから、塾の当事者も選手も早稲田との一戦を望み、屡々《しばしば》彼等と折衝を重ねたらしい」（『三田新聞』一九四三年一〇月二五日付）と書いているので、あるいはその後も同様の交渉が持たれたこともあったのかも知れない。

同じ月、慶応は対法政戦を日吉の野球グラウンドで実施、三対一で勝利を収めた。早稲田も五月二日に戸塚球場で東大との対抗試合を行い、八対二で勝利している。しかし、早慶戦は他校との対校試合とは比較できない重い意味があり、集客も戦時の国民への心理的影響力も格段の差があった。慶応野球部は、せめて試合をする機会を得ようと、傷病兵や病院入院患者のための慰問紅白試合を試みたりしている。

このようななかで迎えた徴集延期停止、そして早慶戦の再提案であった。時局は厳しさを増し、開催にいっそうの困難を伴うことは明らかだった。この経緯を前提に、いま再び早稲田側の消極的な状況に直面してみると、春よりも良い材料は何もなかったのである。

平井は、それでも阪井に、交渉継続を明言した。その決意は並々ならぬものであった。実現できることになったら、すぐにみんなを呼び戻すように、と一縷《いちる》の望みを平井に託して、阪井もまた神戸への帰省の途についたのであった。

＊早稲田との交渉に関する当事者の証言は阪井盛一（故人）によるものしかない。『戦争9　戦没野球人』にある程度まとまった聞き取りがあり、『学徒出陣　最後の早慶戦』も阪井の証言によっているもののようである。ここではこの二書の阪井証言を中心に見て行くこととなる。

1 『戦争9　戦没野球人』『学徒出陣　最後の早慶戦』など参照。相田マネージャーをはじめとする早稲田側関係者のみならず、慶応側の関係者にも、広く小泉塾長が直接この試合について差配していたイメージが定着したことは、この試合実現の前提として慶応の塾長が小泉であったことが精神的に大きな意味を持っていたことを十分に示唆している。

2 活動をつづけていたもう一方の「敵性スポーツ」であったテニスは一一月一三、一四日に「最後の早慶戦」を早大コートで実施した。この試合も一三日午後に小泉塾長が観戦している。結果は慶応の全勝であった。

3 前述の通り、この日付を飛田は一〇月六日と記したことがあるが、その後の経緯と整合せず記憶違いであろう。

4 『あゝ安部球場　紺碧の空に消ゆ』には、小泉みずから神宮球場使用を交渉してもいいといったと記す。「『海行かば…』と共に／輝かしい最後の早慶戦」『三田新聞／早慶戦特集号』一九五七年一一月一〇日の相田証言も同旨。

5 『学徒出陣　最後の早慶戦』は九月末としているが、『戦争9　戦没野球人』で阪井は九月終わりか一〇月初めといっている。前後の経緯から一〇月二日の「在学徴集延期臨時特例」公布後であると考えるべきであろう。

# 6 「アルカモシレヌ」

マネージャーの片桐潤三は帰省せず、早稲田の相田暢一と物資不足が忍び寄る喫茶店で連日折衝をつづけていた。場所は決まって塾生のたまり場のひとつ、銀座のコロンバンであった。しかし相田からははかばかしい進展の報告はなかった。

一〇月九日、[1]平井は洗足の自宅に早稲田側から訪問を受けた。[2]そしてお待たせして申し訳なかったが、早稲田側は大学当局の許可は下りないが、野球部の責任という形で早慶戦をお受けしたいと伝えられたという。平井はそれを諒とした。

早稲田野球部による実施の決断は、相田を通して片桐にもコロンバンで伝えられた。だが、片桐は、早稲田大学当局の正式な許可がないなか、野球部の責任で、という試合が実現するのか、いまひとつ疑念が消えなかったのであろう。半信半疑のまま日吉に戻った片桐は、帰郷した部員たちへ郵便局から電報を打った。

このときの電報は残念ながら一枚も現存せず、正確な文面は伝わらない。のちに関係者が記憶を擂り合わせた限りでは、次のようなニュアンスの文面であったという。

ソウケイセンアルカモシレヌスグカヘレ

「ソウケイセンアリ」ではなく、あくまで確定的でないニュアンスの文面であった（松尾俊治談）。

部員たちは、それぞれ郷里でこの電報を受け取った。多くの者は、諦めていた早慶戦ができることになった驚きと、表現できない喜びを感じた、とのちに語っている。しかし合宿所を後にする際、すでに野球に対する思いを整理し断ち切ったという気持ちも入り交じり、何をいまさら、いま野球をやる意味があるのか、と少しでも故郷での時間を大切にしたい思いが相半ばする者がいたことも事実である。[3]

主将の阪井は電報を受け取ったその日のうちに汽車に飛び乗った。神戸からは汽車で九時間の旅だった。矢野は、駅の助役に頼み込んで、できるだけ早い汽車を融通してもらったという。下関からは神戸からの倍以上の時間がかかった。ほかの者も続々と上京の途につく。阪井を筆頭に一人、また一人と日吉の合宿に戻ってきた。

交渉がはじまったころから応援席の学生を指揮する自治統制会も動いていた。同会は早慶戦のたびに臨時に組織されており、前年秋より久しく活動していなかった。彼らの耳にも、九月中には早稲田に早慶戦を申し込んだことが届いていたようだが、その後一向に連絡がなかったため、立ち消えになったものかと思われていた。そこへ、一〇月一〇日に開催確定が知らされた。[4]彼らもまた「これが最後だ」と張り切り、地方に帰ってしまった者を、手紙や電報で呼び出したという。前日の一五日になって、掲示板に、開催の告知と、入場者は制服制帽を着用し学生証を持参すべきことなどを掲げた。学生は学生証の提示によって入場でき、一般の入場は原則禁止、わずかに関係者の招待券が配布された。[5]

ところで、早稲田の大学当局が了解していない、ないしは野球部の責任で行うという内約は、慶応側でも広く了知されていたわけではなかったらしく、平井や片桐だけが知っていたものと思われる。主将の阪井でさえ、そのことを事後に知ったと述べており(『慶応義塾野球部史』上巻)、塾長にも報告されていなかったらしいことについては後述する。

試合期日の決定経緯は伝わっていない。徴兵検査は月末に迫り、早稲田大学主催の壮行会は一五日であった。早慶とも一日も早く試合を開催して部員も学生も故郷に帰れるようにすることが望ましかった。一九四〇年春以来六大学リーグが週日の対戦を自粛させられていたことを考え合わせれば、平井と早稲田の外岡の協議で、最も近い土日が選ばれたのであろう。[6]決定した日時は一六日午後一時試合開始である。その後一六日は靖国神社の臨時大祭と発表され、大学は臨時休業となった。

帰郷していた者がそろって練習を再開できたのは、試合の二日ほど前と伝えられているので一〇月一三、四日頃であったようだ。[7]

試合前日の一五日午後、早稲田の相田マネージャーと外岡部長が、洗足の平井邸を訪問した。

早稲田の大学当局が試合開始時間を繰り上げ、人が集まる前に試合を終了させてほしいと要求していることを説明し、そのことを含んでおいてほしい、しかし予定通り来場してくれるようにと伝えた。

この日、茶箱から久しぶりにユニフォームをわたされたとき、防虫剤の匂いがきつかったことが印象に残っている、と三塁手として出場した増山は語っている（『朝日新聞』一九九三年七月二六日付夕刊）。前年秋まで、早慶戦の前夜はカツと決まっていたが、このころにはもはやその余裕はなかった。しかし、これまでの早慶戦とはまったく異なる緊張感のなか、部員たちも、出陣していく塾生たちも、見送る塾生、そして教職員も、その日を迎えるのであった。

1 日付については、『学徒出陣　最後の早慶戦』にのみ記載がある。『学徒出陣さよなら早慶戦』での言及も、これによるものであろう。和木清三郎「名残りの早慶戦を観て／厳粛、出陣選手の敢闘／感激、永久に消え去らず」『三田新聞』（一九四三年一〇月二五日付）は決行と確定したのを試合の「一週間前」と記す。

2 この早稲田側による平井訪問には若干の疑問がある。相田は早稲田の野球部長外岡茂十郎と訪問したといっている証言が多い（『あゝ安部球場　紺碧の空に消ゆ』）。「証言構成＝『最後の早慶戦』」『週刊現代』一九七九年一一月八日号）。しかし『戦争9　戦没野球人』では、飛田と訪問したといっており、『学徒出陣　最後の早慶戦』も同様である。不思議なことに、外岡も飛田もこの訪問の存在にまったく言及していない（『フェア・プレー』、『球道半世紀』ほか）。訪問があったとすれば、部長同士の会談が自然であろうから、外岡と相田によるものではなかろうか。

3 『週刊文春』（一九七三年八月六日号）、『学徒出陣　最後の早慶戦』。別当、加藤、大島が、単に喜んだわけではない複雑な心境をも語っている。

4 日付は『学徒出陣　最後の早慶戦』による。

5 前章に登場した三上英満の日記によれば、一〇月一五日の授業中に切符の抽選があったことが記されている。学生席もあるいは人数の限度が決められていたのかもしれない。三上も当選するが、翌日は観戦していない。

6 この点、阪井は『学徒出陣　最後の早慶戦』で、「部長が勝手に決めた」と述べている。『東京六大学野球外史』の阪井証言も同旨。

7 『三田新聞』（一九四三年一〇月二五日付）は練習できたのは正味二日位と記す。『学徒出陣　最後の早慶戦』は三日前。『戦争9　戦没野球人』は四、五日前。

# 第3章

# “最後の早慶戦”

## 1943年10月16日〜入営・入団まで

## 1　一九四三年一〇月一六日　戸塚

### 早稲田

一九四三（昭和一八）年一〇月一六日土曜日、『朝日新聞』朝刊には、「敵機ラバウルに来襲　二百機邀撃《ようげき》　十七機を撃墜破」（『朝日新聞』一九四三年一〇月一六日付）の見出しが紙面を躍った。

ラバウルは、赤道付近、ビスマルク諸島ニューブリテン島に位置する都市で、開戦直後の一九四二年一月から日本軍が上陸していた。そのラバウルの日本軍に連合軍が空爆をはじめたのだが、大本営はこれを「反撃撃退」したと発表した。しかし、この日本側の反撃について、戦後、防衛庁防衛研修所戦史室は、「日本軍反撃力の意外に低調なことを連合軍に知らせる結果に終わった」（『戦史叢書　大本営陸軍部7』）との評価を下した。

麻布区市兵衛町にある偏奇館の住人、文豪永井荷風はこの日の日記に、「食料の欠乏日にまし甚《はなはだ》しくなれり」（一九四三年一〇月一六日付。『断腸亭日乗』第五巻）と書き記した。隣組から届けられた配給の野菜はきゅうり三本のみ。これだけで今日と明日の惣菜を賄《まかな》わなければならな

当日の戸塚道場。（関口存彦氏撮影・提供）

かった。「満足に米飯を食する家稀《まれ》なりと云」（同前）とも、荷風は記した。

この日の早朝、早稲田大学漕艇班による「東京湾縦断壮行遠漕」が海上ではじまった。漕艇班所属の九名の出陣学徒が午前七時三〇分に隅田川河畔を出発し、お台場から羽田沖、横浜沖を経て横須賀沖に至り、再び横浜沖に戻って横浜海洋道場までのコースを遠漕するというものである。九名が横須賀沖を目指して櫂を漕いでいたころ、早慶壮行野球試合が開催される戸塚のグラウンドに、制服制帽の早慶の学生たちが続々と集まりつつあった。学生たちの目当ては、六大学リーグ戦が解散させられてから初めて開かれる早慶戦である。

この日は昭和天皇の靖国神社臨時大祭参拝日であったため、早稲田大学は文部省からの要請に従い臨時休業。それも手伝ってか、早稲田のみならず慶応の学生たちも久しぶりの早慶戦に胸を躍らせて戸塚に向かっていた。

戸塚のグラウンドを超満員に埋めた早慶壮行野球試合は、その名が示す通り、学徒出陣のための壮行試合だった。つまり、野球部員だけではなく、学徒出陣を控え、集った両校の学生たちが主役の異例の早慶戦であった。

飛田穂洲は一九四四年一月号の『相撲界』に発表した「『学徒出陣』の早慶戦」でその意義を、「最も印象に残る歓送会、壮重にして無限の母校愛を表徴する壮行会、それを名残りとして勇ましく校門を去り、戦陣への首途《かどで》をさせることが出来たら、征《ゆ》くものもとゞまるものも何等の心残りがなく、軈《やが》てそれ等の大行事は、露営の夢に懐しまれ、ありし日を瞼《まぶた》に泛《うか》べて母校学びの庭に愛惜を送るよすがともなるであらう。これはあらゆる障碍《がい》を排しても決行されねばならない」と記した。

学徒出陣のための壮行会という性格上、入場者は早慶両校の学生と一部関係者に限られていた。早慶両校の学生らで混雑するグラウンド坂上の入場整理を担当していた野球部の下級生部員の一人が、谷山正夫（一九二五年生）だった。谷山らは相田暢一マネージャーから、学生証や身分証明書などを持参している者だけ入場させるよう指示されていた。一般ファンも押しかけ、入れろ入れぬの押し問答もあった。谷山も一般ファンの知人から入場を懇願されたものの、手を合わせて謝った。

混雑する入口を整理していた谷山の前に、一人の大学関係者と思われる人物が現れた。秘書らしき人が証明書を提示し、球場内へと入っていった。しばらくして相田マネージャーがやって来た。慶応の小泉塾長が入場されたかと聞かれた。谷山は先程の人物が小泉塾長だったことを、このとき知った。

当時、立教中学二年の浅沼幸一（一九二九年生）も、戸塚のグラウンドに向かっていた一人であった。浅沼の父は、一九一四、一五年の二年にわたって早大野球部主将を務め、職業野球の創設に尽力した浅沼誉夫。病床にある父の代役として姉とともに戸塚に来た浅沼は、入口でしばらく待たされた後、稲門倶楽部会員に用意された、ホームベースに近い席に座ることができた。

今日は早慶戦だ。八時半頃起きた。高田馬場で電車を降りてから、戸塚のグランド迄《まで》テクッタ。……入口でまたされた。しばらくして入ると、早大がバッティングをして居た。客席がボロだ。板のこはれて居る所は、丸たが三本位わたされて居た。自分は普通の板の所にすはった。……かくして慶応のナイン登場するや、KEIO は三色旗を出し、早大は夕日の旗を出し、塾歌、校歌を歌ふ。「強く、男々しく戦はん。あ丶我が義塾慶応〳〵」。なんと言っても良い。早大は「都の西北」だった。バッティングは、KEIO は大島、長尾、阪井等が当って居るやうに見えた。別当は大きいのばかりだった。……かくて試合開始前、両軍キャプテン先攻をきめるために、ジャンケンをした。……大島、近藤、笠原の三人一緒に写真をとった。……早慶入りみだれてホームベース前にならんでうつして居た。
（「浅沼幸一日記」一九四三年一〇月一六日付、浅沼幸一氏所蔵）

浅沼の日記にあるように、試合開始前、ホームベースを前に早慶両校の選手たちの記念写真が撮られた（口絵）。早慶の野球部長ら関係者を中央に、その周りを選手たちが取り囲むように、早慶ほぼ交互に並んで立った。早大の関係者は、外岡茂十郎野球部長の向かって右に寺沢信計元野球部長代理、左に山本忠興前野球部長が立った。

早稲田の選手は二四人。

前列向かって左から、鶴田鉦二郎（岡崎中）、森武雄（岐阜商）、笠原和夫（市岡中）、穎川三隆（都立二中）、永谷利幸（平安中）、中村次男（市岡中）、近藤清（岐阜商）、舛形博（高松中）、伴勇資（福岡工）、岡崎宏太郎（足利工）、松本安博（大田中）。

後列は左から、伊藤利夫（岐阜中）、吉江英四郎（仙台一中）、石井藤吉郎（水戸商）、金光彬夫（帝京商）、吉江一行（磐城中）、南里光義（佐賀商）、山村博敏（灘中）、磯野良太（甲陽中）、片山公三（市岡中）、小俣秀夫（平安中）、岡本忠之（扇町商）、桜内一（扇町商）、壷井重治（八尾中）。

このうち早稲田の学徒出陣組は、森、笠原、近藤、舛形、伴、松本、伊藤、吉江（英）、南里、磯野、岡本、壷井の一二人。このほか、写真には写っていない相田暢一マネージャーも学

試合前。左から森、大島、近藤（松尾俊治氏提供）

徒出陣組であった。岡崎宏太郎（一九二四年生）は前列右端に、同じ一九四二年入部組の伴勇資、松本安博とともに並んだ。

早慶一緒に記念写真を撮るということは、それまでなかったですね。この壮行試合のときだけです。もしかしたら、これが最後になるんじゃないかというので、撮ったと思います。（岡崎宏太郎談）

マウンドに立つ岡本忠之は、後列右から六人目に立った。その右横には、同じ扇町商業の後輩で、一九四三年春の新入部員、桜内一が並んだ。同じピッチャーの桜内からすれば、早稲田のエースとなっていた岡本はあおぎ見る存在であった。

桜内とともに入部した新入部員のうち、こ

の日ユニホームを着たのは、石井藤吉郎、金光彬夫、小俣秀夫。石井と金光は後列に並んで立った。

金光は全羅北道鎮安郡の生まれの朝鮮人。一人息子に早稲田の角帽をかぶらせたいと願った両親は、彬夫七歳のとき、高麗人参を栽培していた畑を売り、一家で早稲田鶴巻町に来て、朝鮮料理店を開いた。巨人からの入団勧誘も辞退し、四三年四月に専門部法科に入学した、鳴りもの入りの選手だった。

岡本の速球を受けるキャッチャーは伴勇資。伴は早くも胸当をつけ、ミットをはめ、脛当《すねあて》もつけていた。まだ何もまとっていない慶応のキャッチャー阪井とは好対照だった。早慶戦初陣の伴にとって、相手キャッチャーは主将の阪井だけに、逸る気持ちを抑えられなかったに違いない。

伴の後ろに立ったのが、同じく捕手で伴の一年先輩の壷井重治。壷井は商学部の二年生、まだ最上級生ではなかった。学徒出陣がなければ、八尾中学の先輩で、神宮を沸かせた小野欣助のように猛訓練を重ね、早慶戦の場で活躍できたのに……。壷井はカメラに向かいながら、このように思ったかもしれない。だがこれで文字どおり、「最後の早慶戦」を迎えねばならなかった。

試合開始直前に行われた宮城遙拝。（＊慶応義塾福沢研究センター所蔵）

**慶応義塾**

この日、慶応ナインは一〇時ごろ到着し、早稲田の合宿でユニホームに着替えた。同じころ自治統制会も三塁側応援席に到着した。彼らの代表はいつもの早慶戦の例にならい、明治神宮へ必勝祈願の参拝をすませ、お守りをリーダー（指揮者）の指揮台に貼った。この時点で早稲田側の応援席は早くも学生服で真っ黒であったが、慶応側はまだほとんど入っていない（『毎日新聞』一〇月一六日付夕刊写真）。

一〇時一五分、昭和天皇の靖国神社参拝に合わせた「国民祈念の時刻」を迎える。一塁ラインに両校選手が整列し、一斉に立って黙禱をささげた。その後慶応の選手は、体育館で弁当を食し、練習に移った。

応援部同士では、事前に打ち合わせがなされ、最後に慶応が早稲田の校歌「都の西北」

を、早稲田が慶応の応援歌「若き血」を歌うことを決めた。相互に相手の歌を歌うことなど、異例中の異例だったが、自然とそのような合意を見た。

ちなみに慶応の現塾歌は、一九四〇年一二月に制定されたばかりということもあり、早稲田側には十分浸透していなかったのであろう。義塾において特別な曲として尊重され、六大学野球では、戦後まで早慶戦のときにだけ歌う曲とされていて、もちろんこの日も試合前後に歌われた。のちにほかの四大学から不興を買って全試合で歌うようになるが、それは二〇年あまり後のことである。

早稲田のバッティング練習を背後に、ファウルゾーンのブルペンでは、慶応のピッチング練習がはじまった。スタンドに近い方から大島と阪井、次いで先発予定の久保木と松尾、そして高松と池上が投球練習を開始した。先発投手が、エース大島であるかのごとき演出は、発表まで早稲田側を煙に巻く作戦だったという。松尾はこのとき、久保木の球を受けながら「これが最後だ、最後だ」と声に出していた。

入場者は、混乱を避けるため、両校の在学生と招待券を持つ関係者だけに厳しく限定された。入場者の整理は、主に早稲田側が担当していたが、慶応側からは柔道部や蹴球（ラグビー）部の屈強な男たちとともに、自治統制会の金丸平八、野崎繁博らが奮闘した。ファンや近隣の者が多数詰めかけたため、かなりの苦労があったという。

入場した塾生たちは、徹底的に掃き清められたスタンドを目にし、この試合に対する早稲田

試合前の練習風景。手前は慶応の投手たち。（松尾俊治氏提供）

側の思いを受け止めた。

一一時には早慶両校の応援席から応援歌の応酬が開始された。

ここで大きな問題が発生する。所轄の戸塚警察署から慶応側が呼び出しを受けたのだ。早稲田側は前日に集会の届けが出ているのに、慶応は提出されていないという。慶応側が失念していたわけではない。この時局に提出すれば不許可となる可能性が高い、また慌ただしい開催とあって十分対策を協議する時間がなかった。「ええい、我々も戦場へ征く身だ。勝手に集まったことにしちゃえ」（『戦争９戦没野球人』）という自治統制会の判断が裏目に出たのである。

自治統制会で渉外を担当していた江刺家《えさしか》真が一人、署へ出向いた。江刺家は、学生が思い思い勝手に集まったのであって、集めたものではない、と必死で抗弁して時間を稼いだ。試合がはじまってしまえば、中止にできないであろうと考えたという。

双方の練習が進行し、予定時間を繰り上げてのプレーボールの直前になって、小泉塾長が来場した。塾生はそれを見つけると、拍手で迎えた。小泉は、体育会理事浅井清や部長の平井らが座を占めるネット裏の貴賓席ではなく、慶応の内野席での観戦を希望し、コンクリートのスタンドに新聞紙を敷いて腰を下ろした。選手たちは、いつもの塾長の姿を見て、特に意外にも思わなかった。

これに、再び冷や汗をかいていたのは自治統制会である。リーダーの吉沢幹夫らは、特高や憲兵隊の目が光るなかにあって、塾長公認で学生を集めたと見られることを恐れたのだった。彼らは、塾長の背後に会場整理のために動員していた柔道部や蹴球部の屈強な連中をそっと配して、何かあったときのために備えることとした。

このころには慶応側の学生席もすっかり埋まっていた。当日撮られた写真（口絵）を見ると一塁側内野席のコンクリートの座席がある部分のうち、外野側の半分が学生席、ホームに近い方が関係者席であった。関係者席は教職員やOB、選手の家族などのためのものだったが、ガールフレンドと思われる女性の姿も少なからず見られる。小泉が座ったのは、学生席に近い関係者席の中段である。

応援する学生の人数は早稲田側が圧倒的に多かった。一塁側外野はフェンス沿いにグラウン

慶応側内野席。手前が関係者席で、奥が学生席。中央に着帽の小泉塾長、遠巻きに学生が囲んでいるのが分かる。（＊慶応義塾福沢研究センター所蔵）

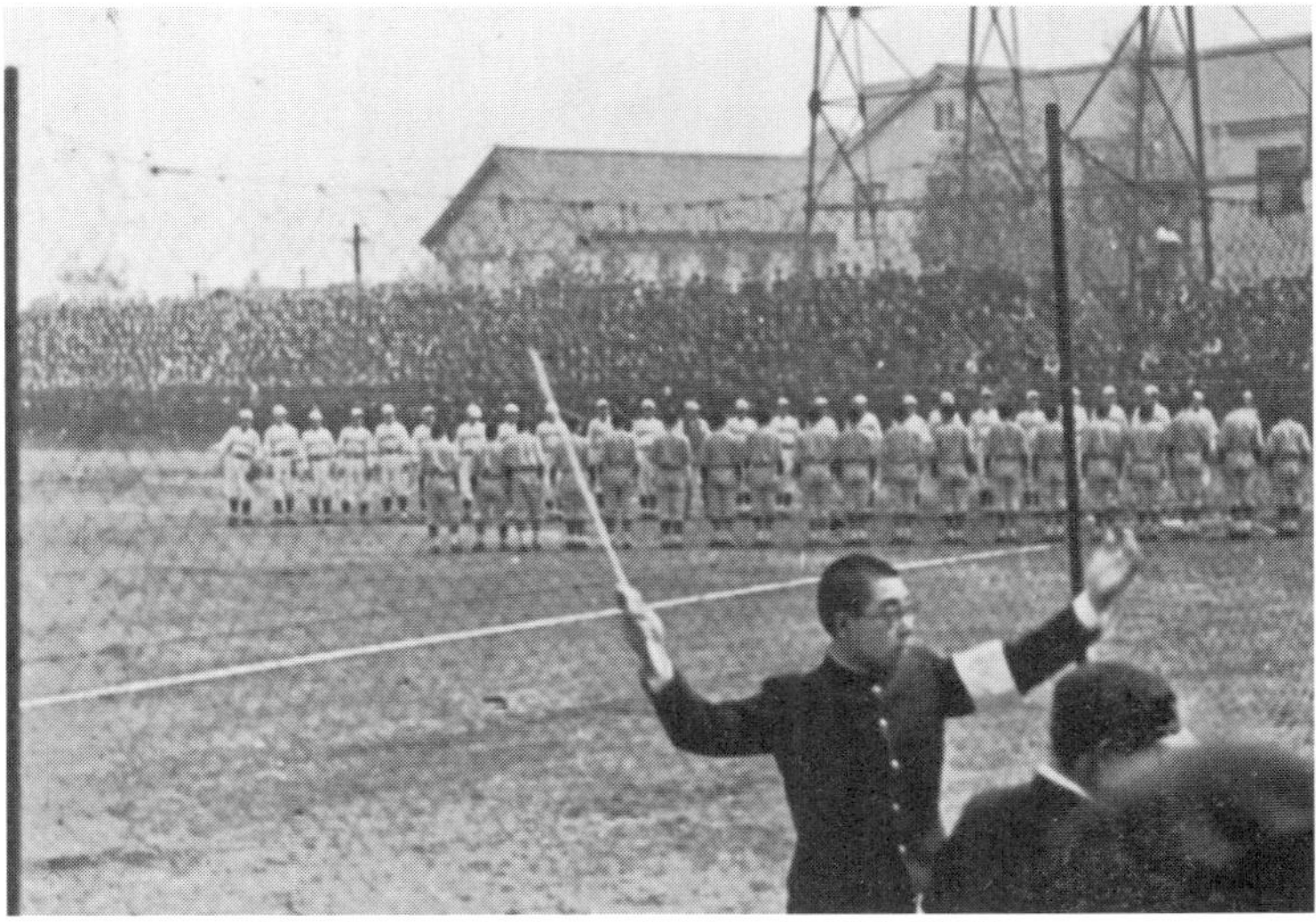

試合直前。手前は指揮を執る自治統制会委員・鈴木晃。（松尾俊治氏提供）

ド内まで観客が入っており、ロープを張って臨時の立ち見席とされ、その列は半分を超えて三塁側の方までまわり込んでいたが、一方の慶応側は芝生の外野寄り内野席さえ埋まっていない。入場を断られた一般のファンなどは、応援席裏のネット越しに、あるいは周囲の下宿屋の二階からそのときを待った。それらはほとんど近隣の早稲田の応援団である。

そのころ、戸塚署の江刺家は、腹をくくって「逮捕するならどうぞ」と両手を前に差し出したといい、彼の武勇伝は後々まで語りぐさとなった。戸塚署とは、人が混雑するようならただちに中止解散するとの約束であったという（斉藤寛「応援指導部史稿」）。

両チームのバッティング練習中、スターティングメンバーが交換された。慶応先発、久保木は、早稲田の選手のみならず、双方の観客にも予想外であった。先発とみられていた大島は「胃下垂の上に栄養失調が重なって、肩をこわして」いた（『週刊文春』一九七三年八月六日号）。もともと大島は、練習を積んで調整しないと肩ができず、すぐ故障してしまう選手であった。何故立たなかった、と後々まで責められることになる。

ほかの選手も一様に練習不足は否めなかった。打撃面でも、別当を筆頭に一様に不調だった。シートノックの後、両校選手がホームベースに集合して撮られた有名な記念写真（口絵）。これは慶応の片桐マネージャーが、「入隊すると戦死してしまうかもしれないから」と父親に勧められ、早稲田の相田マネージャーにカメラマンの手配を依頼して実現したものであるという。片桐は出征するときのように、選手が日章旗をたすきがけにして試合を行うことも提案したが、これはプレーしにくいとして採用されなかった。

この日、球場入りしていた慶応の選手を集合写真に即して紹介しておこう。

前列左より富樫浩三（慶応商工）、阪井盛一（滝川中）、増山桂一郎（敦賀商）、池上謙一（慶応普通部）、片桐潤三（藤岡中）、長尾芳夫（東邦商）、小川正春（福岡中）。後列、別当薫（向陽中）、臼倉晃一郎（慶応商工）、久保木清（広島商）、村上昌司郎（中野中）、高松利夫（東一商）、大島信雄（岐阜商）、河内卓司（広島中）、山県将泰（広島商）、柴野昌（慶応普通部）、松沢喜三郎（慶応普通部）、加藤進（愛知一中）、矢野鴻次（下関商）、松尾俊治（灘中）。

このうち、徴兵年齢に達していなかった池上、柴野、松沢、松尾らを除き、みな学徒出陣組であった。また、中央では背広姿でOBの島田善介、野球部長平井新、体育会理事浅井清が、写真に収まっている。ほかにOBでは、直木松太郎、高塚（のちの稲葉）誠治などの姿があった。

選手たちが本塁にかけ寄り、整列したのは正午前。宮城遙拝と黙禱の国民儀礼につづいて、いよいよプレーボールがコールされる。

## 2　試合開始

### 早稲田

この日の試合の指揮は、笠原主将が担った。試合がはじまる前、笠原は相田から、三塁側一般席に小泉信三塾長がいることを知らされた。そのときの思いを笠原は、後年次のように回想している。「この早慶戦はなにか戦う前に勝負がついたような錯覚にとらわれた。（中略）戦う前は、完全に早稲田の敗北であるような気がしてならなかった」（『学徒出陣　最後の早慶戦』）。

正午、早慶両校の学生らが見守るなかで試合は開始された。新聞に報道された時間は午後一時。前日の大学当局との間では、その時間までには終わりにしなければならないことになっていたが、「早慶戦を最後の思い出にしようと集まってくる両校学生を裏切」（『学徒出陣　最後の早慶戦』）らないためにも、予定されていた時間にできるだけ近づけることがはかられたのである。

法学部三年で学徒出陣を控えていた寺尾哲男（一九二三年生）は、近藤清がレフトの守備位

早稲田大学側の学生席。（関口存彦氏撮影・提供）

慶応義塾側の学生席。（＊慶応義塾福沢研究センター所蔵）

置にいることに驚いた。近藤は前年の春・秋とも、キャッチャーのポジションで、秋シーズンの優勝に貢献した、主力選手の一人だったからである。前年の冬、寺尾はアイスホッケーの試合を見に行った際、人を介して近藤を紹介された。そのまじめな人柄に、寺尾は好感を持ちつづけていた。

試合は慶応の先攻ではじまった。球審は天知俊一（明大OB）、塁審に西村成敏（早大OB）と本郷基幸（慶大OB）。早稲田の先発投手は岡本忠之、慶応最初のバッターは矢野鴻次だった。

約二時間に及ぶこの試合がどのような経過をたどったのか、かつて笠原和夫は、「あらゆる関係者に試合経過を聞いたが誰も覚えていない。当時の新聞、雑誌にも簡単な得点経過だけしかない。早稲田がどのようにして大量点をあげたか（中略）残念ながら記録は見つからなかった」（『学徒出陣　最後の早慶戦』）と書いた。

笠原がこの文章を書いてから、ほぼ三〇年が経つが、早慶両野球部の手になるスコアブックは、いまに至るまで見つかっていない。

しかし試合の最中、一球ごとの記録をひたすら持参のスコアブックに書きつけていた少年が早大側観客席にいた。

前述の浅沼幸一である。浅沼は立教中学の先輩で、立教大学野球部員に教えてもらった美濃式スコアブックに試合経過を記録していた。その晩浅沼は、未だ早慶戦の余韻が冷めぬなか、

試合中の写真。（『アサヒグラフ』第 41 巻 18 号、1943 年 11 月 3 日号）

みずから書きつけたスコアをもとに詳細な観戦記を作成した（一六二、一六三頁に全文掲載）。

　いよいよ試合開始。浅沼のスコアブックをもとにした試合経過はこうなる。


　――早稲田は、リーグ戦でも登板のない慶応の先発久保木の立ち上がりを捉え、初回から得点した。二回表、慶応は打撃のよいその久保木の安打ですぐに一点を返す。

　三回表も、慶応は山県の安打と阪井の四球で好機を得たが、四番別当、五番大島ともに凡退。一方その裏、早稲田は打者九人の猛攻に近藤、岡本らの安打で一気に四点を挙げる。

　四回表、代わった慶応高松から連続四球を得た早稲田、打棒全開の近藤が二塁打を浴びせるなどしてさらに二得点を加える。六点のリードをもらった早稲田の先発岡本は、プレートをよく守り、快速球で慶応打線を封じ込め、三回以降無失点の投球をつづける——。

点差が開いた試合後半、笠原主将は飛田に選手交代を打診した。「最後の思い出に、少しでも多くの選手に試合の雰囲気を味わせてやりたいとの気持ちの進言」(『学徒出陣　最後の早慶戦』)だった。

だが飛田は笠原の「進言」を一蹴した。飛田のこのときの心情をのちに笠原は、得点が開いたからといって控え選手を出すのは慶応に失礼だ、最後までベストメンバーで戦うのが礼儀だと推測している。

この日、飛田が繰り出すサインは、四二年入部組の一人、松本安博が出すことになっていた。けれども、試合を通じて飛田がサインを出すことは一度もなかった。

体育会直属だったため解散を余儀なくされていた応援技術部は、当時学徒錬成部直属の特別指揮隊と名称を替えていた。商学部二年で学徒出陣を控えていた今井隆義は、指揮隊員として応援の指揮を振った一人だった。七回攻撃の前に歌った「都の西北」のなかの「集まり散じて」というフレーズが、この日はことのほか、心に染みた。

早大ベンチから試合の行方を見守りつづけていた岡崎は、この試合を「一方的に打ちまくったという印象です。慶応はあれだけの選手をそろえているのに、どうしたのだろうと思いました。個々に見たらすごい人ばかりです。練習不足だったのですね」と回想する。

## 慶応義塾

慶応側は、若き血を中心に応援歌が次々に歌われる。ブラスバンドの演奏はないが、熱気は神宮さながらに高まった。この日、応援のリーダーを務めたのは、鈴木晃、吉沢幹夫、酒井三四郎、村瀬敏郎、肥田野淳、伊藤準二らで、見送る側である医学部の学生もいた。

しかし、試合は先発左腕久保木が制球に苦しみ、三回に高松に代わったものの、点差は広がる一方であった。

幼稚舎五年生であった福沢武はこの日、一九〇三（明治三六）年の第一回早慶戦の勝利投手桜井弥一郎と観戦しており、こんな光景を覚えている。

慶応があまりに不甲斐ないものだから、「慶応頑張れー」って早稲田がヤジるわけですよ。そうしたら慶応の方から、「早稲田元気がないぞー」って返す。そうしたら応援部が、ヤジはやめて下さいといっていた。

（福沢武談）

ヤジの応酬もまた早慶戦につきものであった。早慶戦特有の熱気は高まるがごとく、控えるがごとくであった。前出の土井庄一郎は本科一年となっていたが、この日、しきりに応援を制止されたことを覚えている。会場を提供している早稲田に対する配慮もあって、慶応の応援は終始遠慮気味であったが、そもそもいつもの早慶戦とは異なる熱気に包まれていた。好敵手として争ってきた早稲田との戦いもこれで最後だという愛おしいような想いが、回を追うごとにその場にいる学生には高まっていた。

再び浅沼のスコアブックから試合の後半戦をたどってみよう。

——慶応高松は五回、六回を〇点に押さえ立ち直ったかに見えたが、七回裏、早稲田の攻撃にあう。二死から七番鶴田が安打で塁に出ると、四球をはさんで永谷、森、伴が三連打を放つ。早稲田が三点を追加し勝負が決した。しかし慶応も最終回に意地を見せた。高松の代打加藤がライトへ二塁打を放ち、つづく河内は四球を得る。しかし増山はピッチャーゴロ、最後は矢野が併殺にたおれてゲームセットとなった——。

試合は一〇対一、早稲田の勝利で終わった。

## 試合結果

| | 1 | 2 | 3 | 4 | 5 | 6 | 7 | 8 | 9 | 計 |
|---|---|---|---|---|---|---|---|---|---|---|
| **慶応義塾** | **0** | **1** | **0** | **0** | **0** | **0** | **0** | **0** | **0** | **1** |
| **早稲田** | **1** | **0** | **4** | **2** | **0** | **0** | **3** | **0** | **×** | **10** |

## 個人成績

### 慶応義塾

| 守備位置 | 選手 | 1回 | 2回 | 3回 | 4回 | 5回 | 6回 | 7回 | 8回 | 9回 |
|---|---|---|---|---|---|---|---|---|---|---|
| 左翼 | 矢野 | 四球 | | 右安 | | 左直 | | 二飛 | | 遊併打 |
| 二塁 | 山県 | 遊併打 | | 中安 | | 四球 | | 中飛 | | |
| 捕手 | 阪井 | 中安 | | 四球 | | 三ゴロ | | | 二ゴロ | |
| 中堅 | 別当 | 二飛 | | 一飛 | | 二飛 | | | 三ゴロ | |
| 右翼 | 大島 | | 四球 | 三振 | | | 左飛 | | 二安 | |
| 一塁 | 長尾 | | 三ゴロ | | 中安 | | 遊飛 | | 投ゴロ | |
| 投手 | 久保木 | | 右安 | | | | | | | |
| （代打） | 高松 | | | | 中飛 | | 四球 | | | |
| （代打） | 加藤 | | | | | | | | | 右二 |
| 遊撃 | 河内 | | 三振 | | 左直 | | 三ゴロ | | | 四球 |
| 三塁 | 増山 | | 二直 | | 中飛 | | | 三振 | | 投ゴロ |

### 早稲田

| 守備位置 | 選手 | 1回 | 2回 | 3回 | 4回 | 5回 | 6回 | 7回 | 8回 | 9回 |
|---|---|---|---|---|---|---|---|---|---|---|
| 二塁 | 森 | 四球 | | 四球 | 四球 | | 左安 | 中安 | | |
| 捕手 | 伴 | 左中二 | | 四球 | 四球 | | 左飛 | 左安 | | |
| 左翼 | 近藤 | 遊ゴロ | | 左安 | 中二 | | 四球 | | 四球 | |
| 一塁 | 笠原 | 右安 | | 一ゴロ | 四球 | | 遊直 | | 右二 | |
| 中堅 | 吉江 | 遊ゴロ | | 四球 | 左犠飛 | | | 四球 | 三ゴロ | |
| 投手 | 岡本 | | 遊飛 | 左安 | 三併打 | | | 三直併打 | 遊飛 | |
| 三塁 | 鶴田 | | 四球 | 右犠飛 | | 二ゴロ | | 中安 | 一邪飛 | |
| 右翼 | 伊藤 | | 三ゴロ | 左二 | | 右飛 | | 四球 | | |
| 遊撃 | 永谷 | | 一ゴロ | 三ゴロ | | 右飛 | | 投安 | | |

## 投手成績

| 早稲田 | 選手 | 回数 | 安打 | 三振 | 四球 | 失点 |
|---|---|---|---|---|---|---|
| | 岡本 | 9 | 7 | 3 | 6 | 1 |

| 慶応義塾 | 選手 | 回数 | 安打 | 三振 | 四球 | 失点 |
|---|---|---|---|---|---|---|
| | 久保木 | 3 | 5 | 0 | 5 | 5 |
| | 高松 | 5 | 7 | 0 | 7 | 5 |

# 浅沼幸一「観戦記」

1回表　一回先づ矢野は四球を得て幸先《さいさき》よしと思ったが、次の山県の遊匍《ほ》にダブられた後、皮肉にも坂井の中堅右の快安打が出、次の別当は期待に背いて大きい二飛。

裏　早大、先ず森四球、次の伴は二球目を左翼学生席に入る二塁打で、二、三塁の好機。慶応は「がんばれ〳〵、久保木」を絶叫し、久保木はそれに対してよく答へ、近藤を遊匍に討取り、三塁から本塁に突入した森も返り討ち。その間に伴三進、しかし笠原は右翼の右に痛打して、伴をかへす。続く吉江遊匍。

2回表　二回ＫＯは大島四球、長尾の三匍に二進。久保木は二・一から右中間に快安打を放って、大島二塁から生還して同点。その間に久保木二進、河内三球三振、増山良い当りの二直。

裏　早大は岡本遊飛、鶴田ストレートの四球、伊藤の三匍に二封、永谷一匍。

3回表　三回ＫＯ、矢野は右翼の右に快打しチャンスと思はれたが、山県二球目投手ケン制球でＯＵＴ！山県中堅右安打、坂井四球又もチャンス。しかし別当一飛、大島三振。

裏　早大は一番森四球に出ると、久保木ガゼンみだれて伴も四球。近藤左中間安打して二塁にあった森生還、伴二進、笠原一匍して近藤二封、吉江ストレートの四球で一死満塁。岡本第一球三遊間安打して伴生還、鶴田大飛球を右翼に打って、笠原生還、伊藤二・三から左翼越二塁打して吉江生還。永谷三匍してチヱンヂ。しかし早大大量4点を入れて5：1と開く。

4回表　四回ＫＯ、先ず長尾ライナーの中前安打、久保木の代打高松中飛、河内左直、増山中飛して好機去る。ＫＯ投手、高松となる。

裏　Ｗ森ストレートの四球、伴もストレートの四球、近藤三球目右中間二塁打して森生還、伴三進。笠原四球。吉江の左直に伴本塁に突入、虚を突かれた左翼手は投手に返球、投手それをハンブルして居るまに伴生還、岡本三匍に笠原と併殺。

5回表　五回KO矢野良い当りの左直、山県ストレートの四球、坂井三匍に二封。別当セカンドフライ。

裏　W大は鶴田二匍、伊藤右飛、永谷も右飛。三者凡退。

6回表　六回は大島一・一から左飛、長尾遊飛、高松四球、河内の三匍に二封。

裏　W大森左中間安打、伴左飛、近藤打者の時に森盗塁したが、坂井の強肩に刺さる。近藤四球、笠原の遊撃へのライナー河内好捕。

7回表　七回KO増山三振、矢野二飛、山県中飛して岡本の剛球冴ゆ。

裏　W大吉江四球、岡本の三直に併殺されてKOの守備陣冴ゆ。しかし鶴田二遊間安打。伊藤四球、永谷投手強襲ヒット、森中前に快ヒットして、鶴田、伊藤ホームイン。伴の三塁上を抜くヒットに、森三進せんとして間一髪刺さる。その間に永谷生還。

8回表　八回KO坂井二匍、別当キーンと凄い音がしたが三匍。大島二塁ベース附近かすめるゴロを森好捕したが、結局安打。長尾投匍。

裏　W大近藤四球、笠原一塁右痛烈に抜く二塁打。近藤ホームをついたが、やはり殺されるのが当然でアウト。笠原三進、岡本遊飛、鶴田一邪飛。

9回表　第九回KO高松の代打加藤は二・一から右翼右に二塁打して好機、河内ストレートの四球、増山投匍に加藤三封。矢野は二・三から遊匍してD・Pでゲームセット。かくて最後の早慶戦は10A：1で早大大勝した。

［注］　匍＝匍球、ゴロのこと。「二匍」はセカンドゴロ。ハンブル＝ファンブル。D・P＝ダブルプレー。10A＝「A（アルファ）」は現在のスコア表示の「X」にあたる。攻撃が行われなかったイニングの得点の、プラスアルファを意味する「A」である。「二・一」、「一・一」といった数字は、カウントを表す。

＊なお、「観戦記」とスコアブックには三か所の異同があるが、スコアブックに従って修正した。誤字・脱字などを、文意をそこなわない限りで改め、文意を補うため、若干の加筆をした。また適宜、句読点をつけた。

## 3　海ゆかば

試合終了は午後二時一五分。両校選手がそれぞれの応援席に整列しエール交換がはじまる。
すると慶応側から「都の西北」の合唱がはじまり、つづいて早稲田が「若き血」で応じた。

早稲田大学校歌（都の西北）
都の西北　早稲田の森に
聳《そび》ゆる甍《いらか》は　われらが母校
われらが日ごろの　抱負を知るや
進取の精神　学の独立
現世を忘れぬ　久遠の理想
かがやくわれらが　行手を見よや
わせだ　わせだ　わせだ　わせだ
わせだ　わせだ　わせだ

慶応義塾応援歌「若き血」[1]
若き血に燃ゆる者　光輝みてる我等
希望の明星仰ぎて此処《ここ》に
勝利に進む我が力
常に新し
見よ精鋭の集う処
烈日の意気高らかに
遮る雲なきを　慶応　慶応
陸の王者　慶応

早稲田側の応援席。後列向かって右から二人目が大貫功。（関口存彦氏撮影・提供）

両校が互いの校歌・応援歌を歌い合う光景を目にした第二早稲田高等学院二年の関口存彦（一九二四年生）は、愛用のカメラで立ち並ぶ早稲田の選手の背から三塁側慶応応援席を撮影した（口絵）。物資不足の当時、フィルムはなかなか手に入らないもののひとつであったが、小西六写真工業に勤める近所の方から、フィルムを時々分けてもらっていた。

試合中、関口は同行した第二高等学院の友人たちを撮影した。丸帽をかぶり、カメラに視線を合わせた友人たちのうち、後列向かって右から二人目の大貫功（一九二四年生）は、早大応援席で初めて「若き血」を歌った。これは異例の事態であったが、事前に応援団から指示があったはずだと、今日確信している。

浅沼は前の観戦記で、試合後の様子を、次のように記した。

試合終了後、応援団は学生らしさを奮った。早大の一人が「KOありがたう」と言へば、KOは「戦地で会おう」と言ふ。早大側は「よーし」と右手に帽子を握って手を上げれば、今度は慶応は「あゝわが義塾　慶応〳〵」を歌った。早大「敵は外だぞ」と言へば、「そうだ」と答へ、「早慶で敵をたゝきふせやう」と言へば、全部で「よーし、やらう」と手を上げた。早慶各々応援歌を歌ってから、慶応で「フレー〳〵、ワセダ」、「アリガタウ〳〵早稲田」を叫べば、早は「KOKOKO」、「サヨナラ、サヨナラKO」とさけび、今度はKOの応援団で「都の西北」を歌へば、早は「陸の王者」を歌ひ、KO応援団の帰る時、「あーあーあの声で[2]」を歌った。そして最後に「さよなら〳〵」と手を振って別れ、両軍とも感激の涙に濡れた。かくて早慶四十年における戦は此れをもって大団円を告げたことは、真に感慨無量であった。

昭和十八年十月十六日夜　　幸一記

早稲田勝利に貢献した森武雄は「若き血」を歌い、エールの交換をしてグラウンドを降りた。ベンチに入ると森の耳に、「海ゆかば[3]」が聞えてきた。笠原もベンチに入ってから聞いた。「あれっと思う間もなく、もう大合唱」（『戦争9　戦没野球人』）だった。

試合後の慶応メンバーと応援席。（慶応義塾福沢研究センター所蔵）

当日撮影された早稲田メンバーと応援席。（早稲田大学大学史資料センター所蔵）

海ゆかば
水漬《みづ》く屍《かばね》
山ゆかば
草生《くさむ》す屍《かばね》
大君《おおきみ》の
辺《へ》にこそ死なめ
かへりみはせじ

校歌・応援歌の応酬から「海ゆかば」に至る光景について飛田は、「最早や敵も味方もない、……その感激はいつ果つべしとも見えなかった。其の渦巻きの中には日本人である喜びが満ち溢《あふ》れ、君国の為め潔く屍を戦場に曝《さら》すべき決意が漲《みなぎ》ってゐた。此の忠烈、此の決死、戦ひに負ける筈《はず》がない」(『学徒出陣』の早慶戦」)と書いた。また翌日付の『毎日新聞』(一九四三年一〇月一七日付)は、次のように伝えた。

早大笠原、慶大阪井両主将は歩みよって「しっかりやりませう」と戦場での再会を誓ひ合ふ、早大応援団から湧く「頑張れ頑張れ慶応」の声援、慶応側でも早大学徒の前途を祝して拍手を送る、どこからともなく歌はれる「海行かば」の厳粛な歌声、それがやがて球

試合終了後、グラウンドに繰り出した学生たち（関口存彦氏撮影・提供）

場を圧する大合唱と変った……

試合も応援もすべてが終わったあと、グラウンドにはかつてない光景が現出した。残った学生たちが次から次へとグラウンドに集まり出したのである。彼らは「戦場で会おうぜ」と叫びながら、互いに肩を組み合って走り回っていた。この光景を眼前にした関口存彦は思った、これまで大学生は徴兵延期で恵まれていた、でも、これからは親兄弟と別れて戦場に行き、戦って死ななければならない仲間同志なのだと。目の前に繰り広げられるグラウンドの情景を前にして、言葉に出してはいえぬ思いを、カメラのシャッターに託した。

両校のエール交換を最後まで見届けた塾長小泉が席を立ち、塾生たちに向かって、口を開いた。今日は負けてしまったが、早稲田の非常な好意で呼んでいただいた、塾はお礼をいわねばならない。そういう意味のことをいって小泉は一塁側に向き直り、改めて塾生たちと声をそろえて「ありがとうございました」といった（萩原秀夫談、当時幼稚舎五年生）。そしてきれいにして帰るよう塾生に促し、みずからも敷いていた新聞紙を畳んでポケットにしまった。戸塚署から戻って指揮に加わっていた江刺家はその姿に、ゴミは全部片づけて帰ろうと呼びかけた。塾生たちは指示に従い、身の回りを片づけ、出口が混み合わぬようスタンドの区画ごとに秩序正しく席を立つ。

自治統制会はさらに、他人様の庭を汚して帰ってはいけない、と徹底的に清掃をした。退場も清掃も一段落して、グラウンドを振り返ると、早稲田の学生たちがグラウンドに繰り出し、いまだ感激の余韻を確かめあっていた。自治統制会委員たちは塾旗を背に、学生主事永沢邦男（のちの塾長）、同羽磯武平とともに写真に収まっている。

＊

野球部員たちは、早稲田の合宿で入浴後、早稲田の部員たちに別れを告げ、日吉に戻る者以外はその場で解散した。こうして「最後の早慶戦」と呼ばれる野球試合は幕を閉じたのである。

早稲田の応援席に向かって帽子を振る慶応の学生たち。（＊慶応義塾福沢研究センター所蔵）

試合後の自治統制会集合写真。前列右から３人目より永沢邦男、羽磯武平。（肥田野淳氏提供）

1 JASRAC 出0811999-801

2 戦時歌謡「暁に祈る」の一節。

3 試合翌日の一〇月一七日付『朝日新聞』には、「勝敗は問題外　感激の早慶野球」の見出しの下に、小さいながらも「最後の早慶戦」の記事が載った。なお、その同一紙面には、「海ゆかば」に関する記事が早慶戦のほかに二つ見られる。ひとつは、一六日の靖国神社での天皇参拝に伴い、奈良や三重などから東京にやって来た、「軍国の遺族」五百人のための慰安演芸会の記事である。この慰安会は、神田区駿河台町の婦人会と女子青年団が明治大学講堂で催したもので、会の最後に歌われたのが「海ゆかば」であった。もうひとつは、ニューギニア戦線でサラモアに上陸した部隊の一小隊に関する記事である。この小隊の園原信司小隊長は、アメリカ軍の集中砲火を浴びるなかで「海ゆかば」を歌い出し、歌い切る前に銃弾に倒れた。部下の者たちも、「阿修羅の如く奮戦しつゝ次ぎ〳〵と仆《たお》れて行」った。この二つの記事の「海ゆかば」には、「鎮魂」と「玉砕」を読み取ることができる。

# 4　入営・入団まで――最後の学生生活

**早稲田―森武雄「学徒出陣」より―**

試合が終わると、その興奮が覚めやらぬなか、野球部員全員で飲み屋ひさごにて慰労会を開いた。まもなく上級生たちは、思い思いの場所へと出かけて行った。下級生だけが居残り、思う存分食べた。森武雄は行きつけのすし屋江戸っ子で、たらふく食べた。夜、合宿所では、部員たちが円陣を組み、校歌や応援歌を歌い合った。森は酔って、合宿所の自室に鍵をかけて寝込んでいたようで、四三年入部の石井藤吉郎が木に登って森の部屋に窓から起こしに入った。このときの合宿所庭での模様を、笠原は次のように回想する。

近所の人もたくさん集まってくれて、肩を組んで校歌や応援歌を歌いました。試合ができて、しかも勝った喜びが重なって興奮していたことは確かですが、その興奮だけではない雰囲気でしたねぇ。

（『戦争9　戦没野球人』）

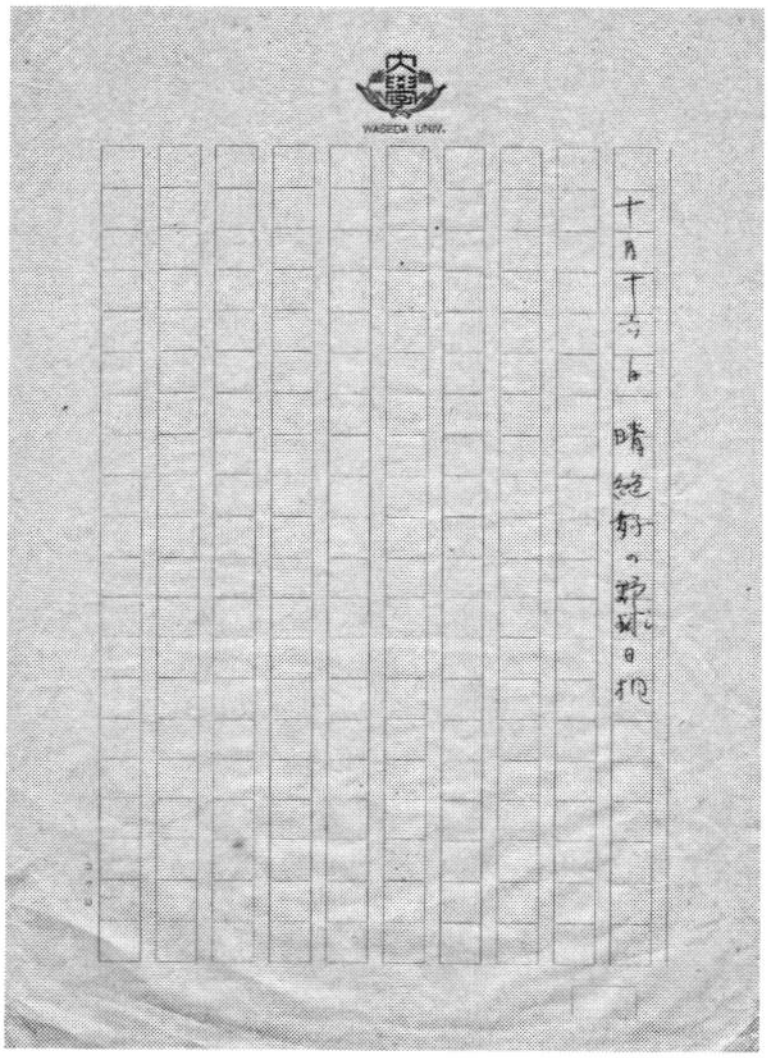
WASEDA UNIV.
十月十六日　晴　絶好の野球日和
森武雄「学徒出陣」1943年10月16日付。
（早稲田大学大学史資料センター所蔵）

こうして一〇月一六日は終わった。森がこの日、日記に記したのは、わずかに「十月十六日晴　絶好の野球日和」（森武雄「学徒出陣」『早稲田大学史記要』第三八巻）の一行だけだった。早慶戦の昂奮が覚めやらぬ翌一七日、小雨がそぼ降るなか、出陣していく選手たちへのはなむけとして、「出陣学徒対残留部隊」と「出陣学徒対稲門倶楽部」の送別試合が催された。前者は残留部隊が二対一で勝ち、後者は出陣学徒が大勝した。出陣学徒組の一員として試合に興じた森は、試合の終了とともに、みずからの野球人生が終わったことを心のなかで噛みしめた。

　今日で俺の野球生活も本当に終ってしまった。もう二度と再び戸塚のグランドで球を手にすることはないかも知れない。十何年もの長い間、小学校時代から大学に到る迄、苦楽を共にして来た野球も愈々《いよいよ》今日限り。一寸淋しい。

（「学徒出陣」）

壮行試合が終わり、夜、野球部主催の出陣学徒壮行会が合宿所内の講堂で開かれた。部員一

前列左から早稲田の近藤、森、笠原、後列左から慶応の長尾、大島。（森武雄氏提供）

同晩餐《さん》をともにし、席上、飛田がはなむけの言葉を贈った。

最後に再び諸君の凱旋を祈り、戸塚にて野球の出来る日を楽しみに待って居る。（同前）

森はこの言葉を胸に刻み、日記に記した。

我勿論《もちろん》生還を期せず。何《いず》れの日にか又再び皆と野球が出来る日あらば、如何に楽しからん。（同前）

部員の誰もが、同じ思いだった。森は徴兵検査のため帰郷するまでの一週間、友との別れを惜しみ、「思ひ出」づくりを重ねた。一九日、知人の招待で近藤や相田らを誘い、歌舞伎を見に行った。演目は「近江源氏先陣館　盛綱陣屋」。「僅《わず》か四才の童子小四郎、立派に切腹をとぐ」場面に感動した。二〇日の昼は新宿、銀座で腹いっぱい食べ、夕方からは早稲田の高田牧舎で、近藤、相田ら同級生と送別会。夜は夜で、江戸っ子で野球部最後の送別会。「飲む、歌ふ、食ふ、踊る。遂に江戸っ子にて大暴れ」（「学徒出陣」）し、合宿所に帰ってからは、午後一〇時から裸踊りをはじめ、一一時半まで踊りつづけた。

馬鹿騒ぎをするのも昨年春の早慶戦以来なし。若き日の感激、これも思ひ出の一つ。

（同前）

この夜は興奮して、なかなか寝つくことができなかった。

翌二一日は、文部省学校報国団主催の出陣学徒壮行会が明治神宮外苑競技場で開催された。森はこの壮行会に参加したが、日記には何も記さなかった。主将の笠原は参加しなかった。「早慶戦で立派な壮行をやってもらった」から、というのがその理由であった。

神宮外苑での壮行会後、森は二三日、東宝で新国劇「共同の敵」を観て、「学鷲として勇躍出陣して征く学生を取扱ってゐるだけに感激一入」（「学徒出陣」）だった。夜は知人宅でご馳走になり、深夜、合宿所に戻った。その三日後の二六日、森は徴兵検査を受けるため、実家のある愛知県一宮へ帰った。

学徒のまま徴兵された森が、再び学生として戸塚のグラウンドを踏むことはなかった。

**慶応義塾**

試合結果は問題でなく、勝者も敗者もなかった、とよくいわれる。野球部顧問で『三田文学』編集長の和木清三郎は毒舌で知られたが、この試合を振り返って『三田新聞』(一九四三年一〇月二五日付)に次のような記事を寄せている。

これまで、幾度も血の逆流する思ひを『早慶戦』に於ては味はされたことはあった。咽《の》喉《ど》笛に食ひ付いてもやりたい憎しみに燃えたこともあった。手を握って泣きたい喜びの感激に身をこがした日もあった。然し、今日のやうな水を浴びたやうな大神の御前に立ったやうな厳粛さに打たれたことはなかった。……慶応も早稲田も手を取合はんばかりの懐しさが、幾千もの学生の胸にもひたひたと押寄せてゐた。兄弟のやうに呼び合ふ情景は全く感動的なものであった。そして、長い間、戦って来た『早稲田』の祝福を今は禱《いの》りたいやうな心持にさへなった。

しかし、この敗戦の受け止め方も一様ではなかった。率直にいって、早稲田側が慶応の試合申し込みに対する返事を留保したまま練習をつづけていたということに、忸怩《じくじ》たる思いを抱いた者も、いなかったわけではない。右の和木さえ、早慶の観客数の差などから、慶応が勝っていたら試合が整然と終わらなかったのではないかと述べ、不振だった投手や別当はその意味でむしろ「殊勲者であるかも知れない」（同前）と皮肉ってもいる。

海軍に行くことが決まっていた大島は、「海ゆかば」に自分の行く末を重ね、涙を流したが、この日登板不能であったことが、ワンサイドゲームの原因になったと気がとがめたらしく、後年たびたびすまなかったと口にしている。

意外なことに、この試合に最も満足していなかった一人が塾長小泉だったようだ。野球部長平井新は後年、この早慶戦を振り返る「出陣学徒壮行早慶戦を思う」と題する短い文章（未定稿）を草しているが、そのなかには次のような一節がある。[1]

試合翌日、塾長は独断専行した私の越権を叱責され、その上十対一といふ大敗北のせいか一層不快の色を示されたことを今も忘れない。

ここにいう「独断専行」とは何を指すのであろうか。平井の未定稿は、この前に次のように記している。

早慶戦といっても、実は公認された対校試合という大袈裟なものではなく、両大学野球部同志のいわば内所〔緒〕の対部試合にすぎなかったのである。学生までも戦場にかり出される程、切迫した時局下、対校試合の如きは厳に許されなかったのである。それが駄目ならば、せめて内輪の対部試合でもというわけであった。

この試合実現に向けて、実際の交渉にあたっていたのは、すでに述べたように平井であった。しかし、その経過は小泉が報告させていた。早稲田の野球部長外岡茂十郎が後に次のように語っている。

当時の塾長の小泉さんが絶えず平井君のところに電話をかけてよこして、早稲田は何と言ったと、何と言ってね、心配してね、まだ結論出ませんというような話を、後で聞きました。

（外岡茂十郎「戦時体制下最後の早慶戦と体育局設立当時の思い出」
早稲田大学大学史編集所顧問会記録、一九七五年七月八日）

すでに開催に至る経緯について詳細に検討した通り、平井と早稲田側は対部試合としての開催に妥協点を見出していた。平井はこの合意について塾長に説明していなかったのであろう。

終生フェアプレーを強調した小泉にとって、早大当局に最終的に了解を得ないまま開催したこと、試合開始時間について早大当局の目をあざむいたことなどは、もとより嫌うところであったと想像される。当日になって警察との摩擦が生じたことなども、小泉の性分は許さなかったであろう。

事情を承知せず会場入りした小泉は、背後に屈強な男たちを配されるような場に身を置かされるような不手際のあったことを叱責したのではなかろうか。

しかし平井としても、残された時間が刻々と減っていく切迫感のなかで、とにかく試合を実現させたいという熱意に突き進んだのであろう。ほかの機会にもみずからの「独断」があったことを語ったことがある（『週刊文春』一九七三年八月六日号）。そしてその「独断」がなければこの試合が実現しなかったというのも事実であろう。

飛田穂洲も「慶応に平井、早稲田に外岡、此の両部長があったればこそ最後の早慶戦といはれた壮行試合は行はれた」（『球道半世紀』）と記している。

また、不甲斐ない敗戦に不満足であったことも、「勝ちたがり屋」といわれた小泉の早慶戦への熱の入れようからすれば、いかにもありそうな話であることは、いまさら説明を要しないであろう。なおそれが不足であるならば、小泉が早慶戦についてかつて記した次の一文を引用しておきたい。

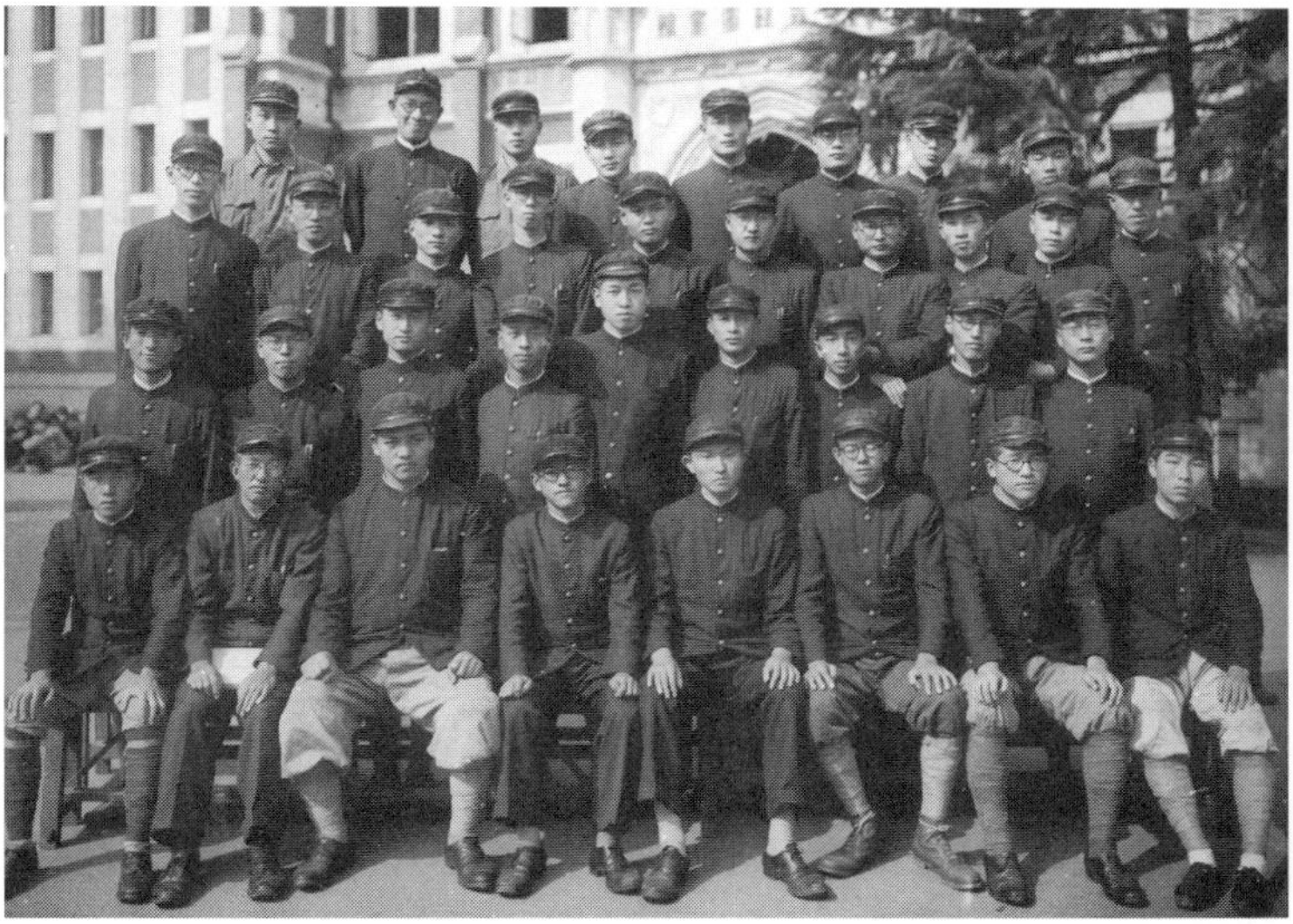

急きょつくられた経済学部学徒出陣記念アルバムから。ゲートル巻きや教練服姿も混じり慌ただしく撮影されたことが感じられる。（＊慶応義塾福沢研究センター所蔵）

世間には或いは試合の勝敗は問題でないという者がある。私にはそんなことは考えられぬ。試合をするからには勝たねばならぬ。勝っても敗けてもどうでも好いなどという競技があるべきものではない。ただ――ただ、諸君の一瞬も忘るべからざるは、我々の勝ちは公明正大の勝ちでなければならぬという一事これである。（『学府と学風』）

小泉はのちに、戦中の出来事、早慶戦のことなどをテーマにたびたび筆を執っている。戦後「幻の名著」といわれ、ちょうどこのころ執筆にとりかかっていた、かの『海軍主計大尉小泉信吉《しんきち》』にも、学徒出陣前後の義塾について、丹念に記述されている。

しかし、この早慶戦のことには生涯一切言及していない。これは、早稲田の立場に対する遠慮によるものではなかろうか。「慶応に比べて早稲田は……」などと語られるのを小泉自身はよしとせず、むしろそのような状態をつくってしまったことに不満だったと考えられるのである。小泉はのちに、「やはりあの試合はやって良かった」といっていたとも伝えられる（『父小泉信三を語る』）。その言葉もこのような文脈で捉えることができよう。

つまりこの試合は、小泉塾長下の慶応義塾であったからこそ実施を所与のこととして進められ、現場においては、開催を切に願う平井をはじめとする早慶双方の熱意によって実現に至ったということができるのである。[2]

人々の気持ちは、この試合をめぐって一様ではない。それぞれにアンビバレントな感情を抱いていた。とりわけ慶応の野球部員は、一度断ち切った野球に対しても、待たされた早稲田に対しても、ともに過ごす時間を削った郷里の父母や旧友に対しても、それぞれ複雑な気持ちを抱いて試合を迎えたのである。しかしこの試合の場を共有した野球部員並びに塾生は、いまや自分の力ではどうしようもない理由で学業を中断し、兵役に就くに際しての未練に似た気持ちに対して、一つの明確な区切れをつけたのである。最後のはなむけに、というせめてもの気持ちは、こうして結実したということができるであろう。

文部省主催出陣学徒壮行会を終え、宮城（皇居）に向かう塾生の分列行進。
（＊慶応義塾福沢研究センター所蔵）

＊

五日後の一〇月二一日、神宮外苑競技場において文部省主催出陣学徒壮行会が挙行された。この日陸軍戸山学校軍楽隊が演奏する「陸軍分列行進曲」の勇ましい旋律に合わせてまず場内に入場したのは官立大学、次いで公立大学の学生だった。しかしその列は尻すぼみであったという。慶応は創立順に並んだ私立大学の先頭として、そのすぐ後に入場した。塾生の四列縦隊の大集団が競技場内に姿を現すと、観覧席に詰めかけた見送りの女子学生たちが列を乱して駆け寄ったと伝えられる。

この日塾旗の旗手は、自治統制会の村瀬敏郎が担当、ほかに早慶戦でリーダーを務めた部員五人が護衛兵として銃剣を取ったという。式典で、壮行の辞を読んだのは慶応義塾大学医学部の奥井津二だった。

雨の悲愴な壮行会として有名なこの日、塾生には出席を嫌う者や帰郷していた者が多く、必ずしも参加者は多くなかった。なかには、参加するつもりで友人と駅に集合してみたが、この雨で風邪でも引いたらバカらしいと取りやめたという話もある。逆に医学部生で、友人を見送りに来た塾生には、人数が足りないから出ろといわれ、鉄砲をかついで行進に加えられた者が随分いたという（和田裕談）。

各学部の持ち回りで担当していた関係からこの日旗手を務めた村瀬も医学部であった。早慶戦を終えた野球部員のなかでも、別当や阪井などは出席しなかった。早慶戦のあの場にいたことが、学生生活への別れとして、この上ないものとなったからだった。

一一月一七日には、三田大講堂で塾生出陣壮行大音楽会が開催された。慶応義塾報国団生活科洋楽団体と称していたマンドリンクラブやワグネル・ソサィエティー・オーケストラが、昼夜二部に分けて出陣塾生にとって「生涯の最も貴重なるその時期の数刻のために充てられた」（音楽会パンフレット）この音楽会を華麗にいろどった。

一九日、日吉競技場で出陣予科生五〇〇名の壮行会、引きつづいて運動会が行われた。翌二〇日、慶応義塾関係戦没将兵二四五名を対象とする合同慰霊祭が、遺族・教職員・塾生約四〇〇名参列のもと、大講堂で挙行され、祭壇には戦没者全員の遺影が安置された。戦没者全員の

三田で行われた塾生出陣壮行会における塾長訓辞。（＊慶応義塾福沢研究センター所蔵）

名が記された祝詞《のりと》を奏上したのは、佃島住吉神社の神主でもある高等部教員平岡好道だったが、あとにも先にもこれほど長い祝詞は読んだことがないと語っている。

そのなかには、前年南太平洋方面で戦死した小泉塾長の長男信吉《しんきち》の名前もあった。壇上には、戦没者の遺影が掲げられたが、小泉は信吉の写真の前をほかの写真の前以上にスッと通りすぎたように見えた。その姿は、塾生たちにある種の緊張を与えたという。

一一月二三日午前九時半。一連の行事の最後を締めくくる塾生出陣壮行会が、三田山上の稲荷山と呼ばれる小高い丘のふもとの広場で行われた[3]。

この日、小泉は出陣塾生を前に何を語ったのか。このときの塾長訓辞は義塾機関誌『三田評論』が用紙不足でこの月に途絶えたこともあって、伝わっていなかったが、今回、壮行会関係書類のなかに「訓示要旨」と記された、走り書きのメモ一片を見出した。その内容は、『三田新聞』に寄せられた「征け諸君」と題する小泉の一文の冒頭とほぼ一致する[4]。それは次のような内容である。


終《つい》に諸君の征く日が来た。今まで幾度となく私は諸君に向って、此日《この》の為めにといふ事を言った。その日が終に来たのである。

今、別れに臨んで、特に新たに言ふべき事は何もない。私は諸君を知ってゐるつもりである。諸君も亦た私の言はんと欲することを知ってゐるであらう。たゞ言ふ。

「征け、諸君。君国の為めに。父母の墳墓の地を護らん為めに。」

（『三田新聞』一九四三年一一月一〇日付）


塾長訓辞につづいて、文学部教授折口信夫《しのぶ》が「壮行歌」をマイクで朗読した[3]。


教へ子を軍士《いくさ》に立てゝ、明日《あす》よりや、我は思はむ。

今日《きょう》すでに　かくむなしきを。

教場の牕《まど》を開きて、研究室の扉をさして、静かなる我となりしを……。

（「慶応義塾儀式関係書類綴」）

折口の声は空しく風と雑音にかき消され、塾生たちのもとにはよく届かなかったという。
つづく在学生代表壮行の辞は、前月、義塾と合併して工学部になることが発表された藤原工業大学の本科三年生久保和雄が読んだ。
これに対して出陣塾生代表として答辞を読み上げたのは、法学部三年田中実（のちの法学部教授）であった。

……ア、征カン哉《かな》、我等ノ只管《ひたすら》勉学ニイソシミタルハ唯此ノ日ニ備ヘタルノミ、若キ血ニ燃ユル我等銃ト剣トヲ執リテ、イザ征カン
希《ねが》ハクハ塾長先生ヲ始メ諸先生又在学生諸君、益々自重セラレテ銃後ノ護リヲ堅クシ、併セテ義塾ノ発展ニ尽サレンコトヲ　（同前）

式典後、大講堂を正面に、右側に在校生、左側に出陣塾生が向き合い、肩を組み、前後左右に揺れ動きながら応援歌を合唱し、早慶戦に勝ったときだけ歌われる、あの「丘の上」も歌われた。

丘の上には　空が青いよ／ぎんなんに　鳥は歌うよ　歌うよ

ああ美しい　我等の庭に／知識の花を　摘みとろう……

出陣学徒の万歳を唱えた後、最後に「海ゆかば」が歌われた。そして四列縦隊の出陣塾生は、塾監局前の坂を下り、供出で鉄扉が木製の扉に替えられた幻の門から三田を後にし、上大崎の常光寺にある福沢諭吉の墓に詣でた。なかには名残りを惜しみ、再び三田の山に戻ってくる塾生の姿もあったと小泉は書き残している。

数時間前の熱情的な光景に引きかえ、校庭は空しく広く、人影は疎らであった。墓参を終えた学生の中には、名残りを惜しんで、また山の上に帰って来たものもある。今別れて来た許《ばか》りのその学生等に会うことが、遠い旅から帰って来た人々と再会したように懐かしく思われた。

（『海軍主計大尉小泉信吉』）

こうして塾生たちは、日吉を、三田を、後にしていった。

1 一九七〇―八〇年代頃の『三田評論』誌に寄稿したが掲載されなかった原稿と伝わる。ここではコピーによる（慶応義塾福沢研究センター所蔵）。

2 小泉が試合開催自体に消極的であったとの見解もあるが（『週刊文春』二〇〇八年一〇月九日号）、現場の学生すら危ぶむなか、わざわざ会場に足を運んだ一事をとっても消極的との評価は妥当しないであろう。

3 この壮行会を取り上げた従来の出版物には、大ホールで訓示を述べる小泉や、ホールを埋めた学生たちの写真が掲載されていることが多い。しかしこれらは他日の情景を写したものであり、この日の式典は終始野外で行われた。

4 記録係のメモとみられるが、判読不明箇所も多く、引用は『三田新聞』によった。

# 第4章

# 空襲、戦死、そして敗戦

## 入営・入団～1945年8月15日

# 1　戦火の中の慶応義塾

塾生出陣壮行会から一週間後、一二月一日に陸軍入営、そして一〇日に海軍入団となった。学徒兵の総数は不明だが、陸海軍合わせておよそ一〇万人、うち約一八パーセントが海軍といわれている。新兵全員最下位の二等兵（陸軍）、または二等水兵（海軍）から軍隊生活をスタートさせたのであった。

このとき出陣した塾生は『慶応義塾百年史』におよそ三〇〇〇余名と記されるばかりで、これも正確な数は不明である。そのうち確認されているだけで、戦没者数は四〇〇名近い。[1] およそ一三パーセントということになる。直前の九月繰り上げ卒業者の戦死率はさらに悪く、一五パーセント近かった。また、戦争を生き延びても、戦後の混乱のなかで復学しなかった者もあり、百年史は、戦没者を含め復学してこなかった者が五〇〇名余であったと記録している。

その後、キャンパスは閑散とした。残された学生は実質数百名であったといわれ、結核持ちなど病人が多かったため、通学する者はさらにわずかであった。学部別授業は成立せず、全学部共通で都合のつく教員が交替で授業をする状態だったという。

なかば空き家と化した校舎は、文部省の要請により次々と供出された。一九四四年三月に日吉の文系予科校舎の一部が海軍軍令部第三部に貸与され、九月には日吉寄宿舎に連合艦隊司令部が移転した。日吉キャンパス一帯は東京湾をはるかに望む高台に位置して電波の通りがよく、構えるべき旗艦を失ってついに陸に上がった連合艦隊司令部を置くのに、格好と評価されてのことであった。

同年夏から堅固で広大な地下壕が構築され、司令部や通信隊が入り、空襲時は作戦会議もここで行われた。前年に連合艦隊司令長官山本五十六が戦死し、後を継いだ古賀峯一も殉職、その後を継いだ豊田副武《そえむ》は、この地からマリアナ沖海戦やレイテ作戦、戦艦大和沖縄特攻の菊水作戦などを指揮した。三田の校舎も同様に空き家同然となり、防火や管理も兼ねて供出された。五号館と商工学校校舎に、陸軍東部第六部隊が駐留している。

慶応義塾は、なお「国賊福沢諭吉」「自由主義者の巣窟」という批判にさらされていた。一九四四年三月、言論報国会会長であった徳富蘇峰が、『言論報国』に掲載した「蘇翁漫談」という記事に、福沢及び義塾批判というべき、次のような文章が載っている。

兎に角福沢先生は薩長政府に対して一番大いなる存在であった。この点は実に先生は偉いと思ふが、然し西洋のことを無茶苦茶に輸入する点に於ては、伊藤や陸奥なんかの比ぢゃない。より以上のものである。……議論よりも人間は余程日本人であり、愛国者であったと思ふが、議論だけは非常に困った。……日本の従来の良風美俗をして地を払ふに至らしめたことについては福沢先生はまことに重大なる責任を持って居られることと思ふ。……弟子の方は先生より相当下ったところまで落ちて行ったんぢゃないかと思ふ。この功利主義といふものが非常に盛んになった。さうして福沢先生の最後の結着は独立自尊といふことになってしまった。独立自存《ママ》といふことは要するに個人主義を異った言葉で説明したものである。……例へば国家の大事でも自分に於ては何等頓着ない。今日の戦さでも、誰が戦さをして居るか。まるで外の人が戦さをして居るといふやうなわけであって……独立自尊でやって行く以上は愛国といふことなどとは縁が遠くならざるを得ないやうな結果になって来た。

（「蘇翁漫談」『言論報国』第二巻第三号）

これに対して塾長小泉は「只管退嬰《ひたすらたいえい》無事をのみこれ図れば、無事なると共に我が学園の火も自ら消え、寂滅為楽《じゃくめついらく》間違なき次第に付、茲《ここ》は一番、事を好み、国運と塾運とを不可分のものであるとして一挙を賭けんと欲する次第」（田中新一郎宛書簡、七月一五日付）と、この記事を見過ごして学園の火を消す結果を招くならば、ここは国と義塾の運命を不可分のものと見定めて思い切った論駁《ろんばく》を試みる、と表明した。

五月一〇日付『三田新聞』の一面に「徳富蘇峰氏の福沢先生評論に就いて」と題して掲載した記事がそれであった。例証を次々に挙げて福沢の「愛国者」としての側面を紹介し、「以上に掲げた諸章句は『西洋のことを無茶苦茶に輸入する』者の言葉としては些《いささ》か不似合のやうに思はれ、寧ろ其反対を示すやうに思はれますが如何《と》うでせう」と蘇峰に迫った。[2] そして最後の一節では、義塾に対する批判に反論し、さらに時局の名を借りて蘇峰に釘を刺して締めくくっている。

福沢に教えを受けたものといへば、私共の同窓の者は皆さうです。さうして其中の幾千百の青壮年は今陸上海上空中に於て戦ってゐます。さうして彼等は皆福沢先生の名を口にして襟を正すものですが、それ等凡《すべ》ての者が非愛国者だと徳富氏は言はれるのですか、まさかそんな事を言はれるとは思ひません。

……それに就《つ》けても仮りに一部の言論家が国を思ふの余りとはいひ乍《なが》ら愛国報国の専売特許を与へられたが如くに立ち振る舞ひ、他を排し他を難ずるに急で、同胞国民中に非愛国者を求め之を数へて其の多きを楽《たのし》むかの如き外観を呈することが――無いとは思ひますが――万一ありましたならば、敵米英の喜びこれより大なるものは無いと存じます。

（『三田新聞』一九四四年五月一〇日付）

『三田新聞』は用紙不足によってこの号を最後に休刊させられた。ほかの私大にも同様の措置がおよび、東京では唯一『帝国大学新聞』だけが残された。

そのころ、実は慶応野球部はまったく活動していなかったわけではない。学徒出陣後、部は

戦争末期の小泉塾長。
（慶応義塾福沢研究センター所蔵）

一旦活動停止状態となった。しかし東京在住の池上謙一、柴野昌、松沢喜三郎、菅瀬栄三らの部員と、野球部の合宿に一人残された関西出身の松尾俊治は、一九四四年四月、新入部員を迎えて練習を再開したのである。慶応普通部・商工学校出身者を中心に二〇名あまりの入部があり、横浜高等商業学校チームと対戦したりもしたという。しかし長期にわたる勤労動員なども多くなり、継続が不可能となったため、一か月ほどで再び練習は途絶えてしまった。野球部合宿の最後の住人松尾も陸軍特別操縦見習士官に志願して去った。合宿は、その少し前に海軍功績調査部が貸与を申し入れていたが義塾当局はそれを断り、しばらく無人化、秋になって連合艦隊司令部の入居で日吉寄宿舎を追われた寄宿学生が移転する。戦時下の荒んだ生活のなかで、合宿は荒れ果てていった。

戦争も末期となり、小泉は塾長としての責任のなかで神経をとがらせ、たびたび取りざたされるエピソードをいくつか残している。弟子である寺尾琢磨が会食の席で、敗戦の場合を想定すべきだと進言したのに対し、「それは敗戦主義だ」と声を荒げたという話や、空襲に際しては先輩の寄付による貴重な校舎を、教員も駆けつけて守るべきとの小泉の厳命に、経済学部長野村兼太郎《かねたろう》が、校舎を守ることよりも、教職員の生命の安全を期することが大切なのではないかと申し入れたところ、小泉がそれを一喝した話などがそれである。[3] 威丈夫といわれた小泉の堂々たる風采は、げっそりと痩せこけた。

空襲によるキャンパス罹災は甚大なものとなった。日吉は海軍の拠点になっていたこともあってたびたび空襲され、一九四五年四月一五日の空襲によりできてまもない日吉の工学部（旧藤原工業大学）予科・学部の校舎の六割を焼失、この結果、戦後の工学部は校舎を求めて流転の時代を余儀なくされる。

図書館大ステンドグラスの焼け跡。
（慶応義塾福沢研究センター所蔵）

五月二四日には、四谷（信濃町）の医学部が襲われ、校舎は全焼、病院本館も全焼した。同日、三田の普通部も全焼。翌二五日、再び三田が空襲され、廃墟と化した。数々の行事が行われ、バルコニーのユニコン像とともに塾生を見守ってきた三田の大講堂は、天に冲《ちゅう》するごとき火焔を上げて焼け落ち、図書館の八角塔は、蛇に巻かれるような炎に包まれた。その姿は、近代日本の七〇年以上のときを、義塾とともに歩んだ三田の街一帯から望見されたという。

その前で勅語奉読とは恐れ多いとして、配属将校が撤去を求めたという大講堂の着流しの福沢諭吉全身像（和田英作画）も、日本の士が異人の女に頭を下げるとは何事かと難癖をつけられたという図書館の大ステンドグラス[4]（和田英作原画）も、いずれも焼失した。[5] 義塾はこうして全国最大の罹災校となったのであった。

そして同日、三田綱町に住む塾長小泉は、投下された焼夷爆弾により自宅が全焼、顔面と両手に重度のやけどを負い、綱町研究室（現女子高等学校）庭の防空壕で夜を明かしたのち、慶応病院別館に担ぎ込まれ生死をさまよった。一命は取り留めたものの、あの颯爽とした風采は永久に失われたのであった。

1 白井厚編『アジア太平洋戦争における慶応義塾関係戦没者名簿』参照。在学のまま没した者の数に一九四四年九月卒業者、大学予科の戦没者数を加えると三八五名となる。しかし前者には「学徒出陣」に先立ち在学中に志願で兵役に就いた者、後者には「学徒出陣」の対象とならなかったが卒業後召集された者なども含まれ、その他例外の可能性も多く、正確には把握が困難である。

2 この反論文は当初『言論報国』に投ぜられたが、編集局より修正を求められたため取り下げられ、『三田新聞』に掲載された。富田正文「戦時下の塾長として」『泉』二号参照。

3 高橋誠一郎「小泉信三君追想」（『三田学会雑誌』五九巻一一号）、同『回想九十年』、小泉妙『父小泉信三を語る』、

**54**

富田正文「戦時下の塾長として」、ほかに清沢洌『暗黒日記』における戦時下の小泉に対する批判はしばしば言及される。一方で、平井新「剛強不屈の小泉先生」、中村精「小泉先生と大学院問題」（以上『小泉信三先生追悼録』）、槙智雄「学生と時局への辛労」（『小泉信三全集』月報一三）などはその間の小泉の立場について記述している。また朝日新聞の扇谷正造は『帝国大学新聞』（一九四七年二月一九日付）に次のように記した。「局外者の我々からみると、戦争中の各大学総長（帝大も含めて）の中では、小泉さんがいちばん立派であったと思われるのだ。形式上の戦責を追及するのもいいが、戦争の波から学園を護り人知れぬ努力も正確に伝えられてよいように思う。」武者（封建）と女神（文明）の出会いを描いていた。

これらのエピソードは、町田義一郎「戦時下の義塾と小泉先生」（『小泉信三全集』月報二二）太田臨一郎「慶応出版社をめぐって」（『小泉信三先生追悼録』）などに伝えられている。

## 2 「最後の早慶戦」後の早大野球部

早稲田大学では、六千人に近い学生が、学徒出陣で大学を去った。野球部でも主力選手が部を離れ、マネージャーの相田暢一も、一二月一〇日に横須賀第二海兵団（武山）に入団した。

相田は入団を前に、すでに入手が困難になっていたボール三〇〇ダース、バット三〇〇本、ノックバット十数本を準備した。これらの用具は東京大学野球連盟解散の残務整理に伴い、各大学への配分金で購入されたもので、たとえ部員が一人になっても練習をつづけるという、飛田穂洲の意を受けた相田の機転によるものだった。

この時局下、一人になっても野球を続けるということなら、用具の確保が是非とも必要である。ボールやバットを可能な限り用意しなければならない。グラブやスパイクは各自が持っているが、消耗品のバットは一人一シーズン四、五本は要る。レギュラー三十人としてもシーズン百五十本になる。ボールも同様消耗品である。しかし、集めるといっても、革製のボールは統制品となり、もはや入手困難になってきていた。美津濃とか玉沢とか、野球部に出入りしているメーカーに頼んで手に入る限り集めてもらい、買い入れたのである。

（『あゝ安部球場　紺碧の空に消ゆ』）

笠原が学徒出陣で野球部を出た後、吉江一行が主将となる。マネージャー代理は鶴田鉦二郎。買い集めたボールやバットの管理は、この吉江に託された。吉江は福島県立磐城《いわき》中学の出身で、「最後の早慶戦」には5番ライトで出場した。飛田穂洲は吉江の人となりを、心から愛した。

一行は福島県立磐城中学の出身で五尺八寸五分といふ巨漢であった。ベーブ田中を思はせるやうな好中堅手であり、強打者でもあったが、それよりもなほ忘れかねるのは、彼の人物であった。堂々たるその偉容とはまるで正反対の温厚寡黙、篤実一途の性格、何ともいへぬ床しさだった。

（『球道半世紀』）

吉江一行（近藤幸義氏提供）

吉江は夜空の星々を眺めるのが好きだった。二年後輩の谷山正夫は合宿所の屋上で、ともに仰向けになり、夜空を見上げながら、吉江から天文の話を聞いたことがある。小野梓のこと、演劇博物館のこと、そして大隈講堂の高さがなぜ一二五尺なのかを教えてもらったのも、吉江からだった。

翌四四年に入ると、法文系の学生のみならず、理科系の学生も勤労動員の対象に加えられたため、学内はまさに「開店休業」となった。

この年四月、早稲田大学野球部に新入生が入部する。市岡中学の蔭山和夫、森田虎二、松井勝治、都立二中の林貞夫らであった。だが、他校との試合があるわけでもなく、ただひたすら、練習の日々が繰り返されるだけであった。バットとボール、そして合宿所が、早稲田大学野球部の、まさに「命綱」となった。「最後の早慶戦」後の部員たちにとっては、これら「命綱」をいかに守るかが、ひとつの使命となっていた。

夏、吉江主将も海軍に入隊することとなり、ボールなどの管理は、主将代理となった山村博敏に託された。合宿所に残っていた部員たちも、徴兵や勤労動員のために部を離れていた。部員が数少なくなった合宿所を管理するため、山村は灘中学時代にバッテリーを組んでいた、友人松尾俊治（慶大）の弟禎三を部に誘い入れた。松尾はこの年の四月に灘中学から専門部工科に入学したばかりであったが、それまで野球の経験はほとんどなかった。松尾は文科への進学を希望していたが、あえて理科に進んだ。兄二人を戦争に取られた、父の強い意向によるものだった。

「最後の早慶戦」から四か月、学徒出陣組の壷井重治は埼玉県の熊谷陸軍飛行学校に所属していた。飛行機操縦の訓練がはじまって六日目の二月一五日、壷井は初めてグライダーに乗る。

操縦席に着いた時はいさゝか胸がどきついたが、滑走して見ると案外平気なものだった。

（壷井重治「日誌」一九四四年二月一五日付。南さつま市万世特攻平和祈念館所蔵）

地上操縦訓練や滑空訓練の日々がつづくなか、壷井は母からの手紙を待ち望んでいた。

母より未だ一通も便り来らず、少々心配なり。女々しきかな。家を離れて母の有難さを知ると人は良く言ふが、真なり。軍隊に入り、此の感更に強し。

古より偉人と称せらるゝ人には良き母あり。我が母も之等偉人の母に比しおとる所無しと思ふ。此の母の為にも俺は頑張らう。

（「同前」三月七日付）

このときの壷井の偽らざる思いだった。そうした訓練の日々がつづいていた三月一一日、壷井のもとに一通の手紙が届く。飛田穂洲からの手紙だった。飛田の手紙には、「最後の日迄奮斗せよ。油断すべからず」（「同前」三月一一日付）とあった。壷井は飛田からの手紙を、何度も何度も読み返し、そして、その日の日記に記した。

俺は行動の総てを球道に求む可し。軍人精神も球道と異る所無し。道は只一つ、滅私奉公、只米英撃滅に邁進するのみ。

入隊以来三月余、学生時代の運動をせし有難さ痛感す。恩師飛田老に対する報恩の出来る日の一日も早からん事を切望す。

（「同前」三月一一日付）


一九四五年に入ると、東京をはじめ主要都市への空襲が激化するなど、日本の敗色は決定的となった。早稲田大学では前年の八月二二日、田中穂積総長が死去し、新総長に中野登美雄が就任した。一三年ぶりの新総長だった。中野は空襲の激化に伴い、大隈会館、さらには総長室に寝泊りし、教職員による特設防護団を組織して空襲対策をはかり、また大学収入の減少に対処すべく取りくんだ。

一九四五年三月一八日、政府は「決戦教育措置要綱」を閣議決定し、四月一日から一年間、授業の実施を停止させる。大学校内も閑散とし、近くの野球部合宿所も数人の部員たちが守るだけになっていた。そのうちの一人松尾禎三の合宿所での任務は、空襲警報のサイレンが鳴り出すと、前述のボールやバットを防空壕に収納することにあり、人手が必要な場合は、合宿所前の下宿屋豆陽館の同級生に助っ人を頼むこともあった。

二月、雪が積もるなかを相田暢一が合宿所にやって来た。相田はこのころ、静岡の大井航空隊に所属していたが、父危篤の報が伝えられたため、一時休暇で北海道の実家に帰ることになった。休暇を命じたのは飛田穂洲の子息で、分隊長の飛田忠英大尉。父の葬儀を終え、東京に戻った相田は、雪のなかを歩きつづけて戸塚に来る。合宿所を去ってから、一年以上のときが過ぎていた。久し振りの合宿所に部員は不在で、富樫よしのが一人いた。

富樫は合宿所三代目の「ばあちゃん」で、一九四〇年から炊事一切を切り盛りしていた。北海道に住む親類へ手紙を出すとき、よしのは部員によく代筆を頼んだ。その文面の末尾には、必ず「私は幸せです」の一言があった。相田は還暦を過ぎた富樫との再会を喜び、合宿所を後にした。

東京大空襲の余燼が冷めぬ四月のある日、一人の青年が合宿所を訪れた。この日、合宿所には松尾禎三だけがいた。松尾には見知らぬ青年だった。その青年は、壷井重治と名乗った。壷井は第六六振武隊員として特攻出撃を間近に控え、休暇を与えられて早稲田にやって来たのだった。

合宿所での壷井（上から3番目）。
（近藤幸義氏提供）

壷井さんは合宿所へ来たんですよ。特攻でね、突っ込む一週間くらい前に、それぞれ行きたいところに行って来いって言われて。それで休みを与えられたので、合宿所にわざわざ来られたのです。そのときは山村さんがいなくて、僕だけいたんですよ。おそらく、合宿所に見える前に弁天町の飛田さんの所に寄られたのではないでしょうか。合宿所では、僕が会って話しを聞いて、それだけに印象に残っています。豪放磊落という感じの方でした。「いよいよ特攻で沖縄へ行く。帰って来ないよ」っていってました。私からは、「どういう訓練を受けていらっしゃるのですか」とか、聞いたのを覚えています。（松尾禎三談）

壷井は早稲田のほかに、大阪の実家にも立ち寄り、近所に住む、出征中の兄の婚約者のもとへも母と訪れた。壷井は彼女に、両親をよろしく頼むといった。戦後、義姉となった壷井喜久《キク》は、このとき壷井が首に巻いていた白いマフラーがいまでも鮮明に目に焼きついている。

鹿児島万世基地から壷井が沖縄に向けて出撃したのは、五月四日のことだった。

一九四五年五月二五日から二六日にかけての東京大空襲で、早稲田大学の周辺地域は火の海に包まれた。この空襲で、当時、早稲田を代表する建築物であった恩賜記念館をはじめ、理工学部の電気・機械実験室、第一高等学院木造校舎などが焼失する。大隈講堂の裏手にあった大隈重信の旧宅大隈会館も、ほぼ全焼した。大学から道を隔てた戸塚にも、火の手が迫った。合宿所にいた松尾は、降りかかる火の粉を懸命に消し歩いた。

戦災により焼失した旧大隈会館。（早稲田大学図書館所蔵）

その日私は合宿所にいました。いっぱい飛んでくる火の粉を、縄の先にたたくものをつけて、水に濡らしてはバンバン消し歩きました。そのうち周りを火に囲まれて。もう自分は終わりだと思いました。あの火が迫ってきたら、ここで死ぬんだと思いました。（松尾禎三談）

合宿所の防災に努めると同時に、松尾は合宿所新館に保管していた三〇〇ダースのボールやバットなどを防空壕に収納した。

クラスメイトの友達を呼んできて、手伝ってもらって防空壕に入れました。そして空襲解除になったら、すぐにもとに戻すわけです。バットやボールは、湿気を一番嫌いますから。それをすぐに出さなくちゃダメなんです。

（松尾禎三談）

この日の空襲で、戸塚のグラウンドも火災による熱風のためバックネットの鉄骨が飴のように内側に折れ曲がり、脱衣所も焼失した。

## 3　戦死した早大野球部員——近藤清

一九三七年の日中戦争以降、敗戦に至るまでの八年間に、早稲田大学の教職員や校友、在学生の「戦争犠牲者」[1]は、四七〇〇名を超えた。このうち学徒出陣組以降の犠牲者は四〇〇人を超えるが、一九四三年一〇月一六日に戸塚のグラウンドに集った早稲田の学生のうち、どれ程の人が犠牲になったのかは知る術もない。

試合開始前、早慶合同の記念撮影に写った早大野球部の選手のうち、「戦争犠牲者」となったのは五人。

近藤清（一九四五年四月二八日、南西諸島で戦死）、壷井重治（一九四五年五月四日、南西諸島で戦死）、吉江一行（一九四五年一〇月三日、自宅にて戦病死）、永谷利幸（一九四五年一〇月八日、上海で戦病死）、桜内一（一九四五年八月一七日、山西省で戦死）である。

ここでは五人の戦死者のうち最年長で、当時の早大野球部の代表的な選手だった近藤清二四年の生涯を追うこととする。その凝縮された生涯を、四七〇〇人の「戦争犠牲者」一人ひとりの人生に思いをはせながら、たどってみることとしたい。

## 岐阜商業時代

近藤清は、一九二〇年八月二七日、岐阜市柳沢町に、郵便局員の父為十郎と母ぬいの九人兄弟の末っ子として生まれた。小学生より野球をはじめた近藤は、一九三五年岐阜市立岐阜商業学校に進学すると同時に、野球部に入部した。その容貌から「カメちゃん」と呼ばれた近藤は、学年でもトップクラスの成績を保った。四年のときはクラスでトップ、学年でも一九七人中五番の好成績で、文武両道に秀でた学生だった。

一九三六年八月、岐阜商は松井栄造主将のもと、甲子園球場で開催された、第二二回全国中等学校野球大会に初出場した。敬愛する最上級生の松井に、近藤は是非とも真紅の大優勝旗を握らせてやりたかった。そのために近藤は、学校での猛練習の後も自宅でのトレーニングに励んだ。自宅二階での素振りは、窓ガラスをふるわせるほどであった。懸命に練習に励む弟をかたわらで見ていた姉きみ子は、近所の伊奈波神社に願掛けし、弟の優勝を祈願した。家族の誰もが同じ思いで、近藤の活躍を祈っていた。

八月一三日、甲子園大会開幕式に臨んだ近藤は、このときの感動を、「初めて昇る野球塔、集まれる戦士。自分はもう胸の高鳴るのをおぼへた。初めて参加する夏の大会の入場式、荘厳なものだ」（近藤清「夏休の日記」一九三六年八月一三日付。近藤幸義氏所蔵）と日記に書き記している。

初戦の盛岡商業に圧勝した岐阜商業は、鳥取一中、和歌山商業を連破し、準決勝の相手は育英商業。

1936 年全国中等学校野球大会優勝時の岐阜商業メンバー。（森武雄氏提供）
左から長良治雄、森武雄、中野鍵一、森田定雄、安藤悦郎、加藤義男、坪井皎、近藤清、田中義晴、大島信雄、後藤行雄、野村清、松井栄造、加藤三郎。

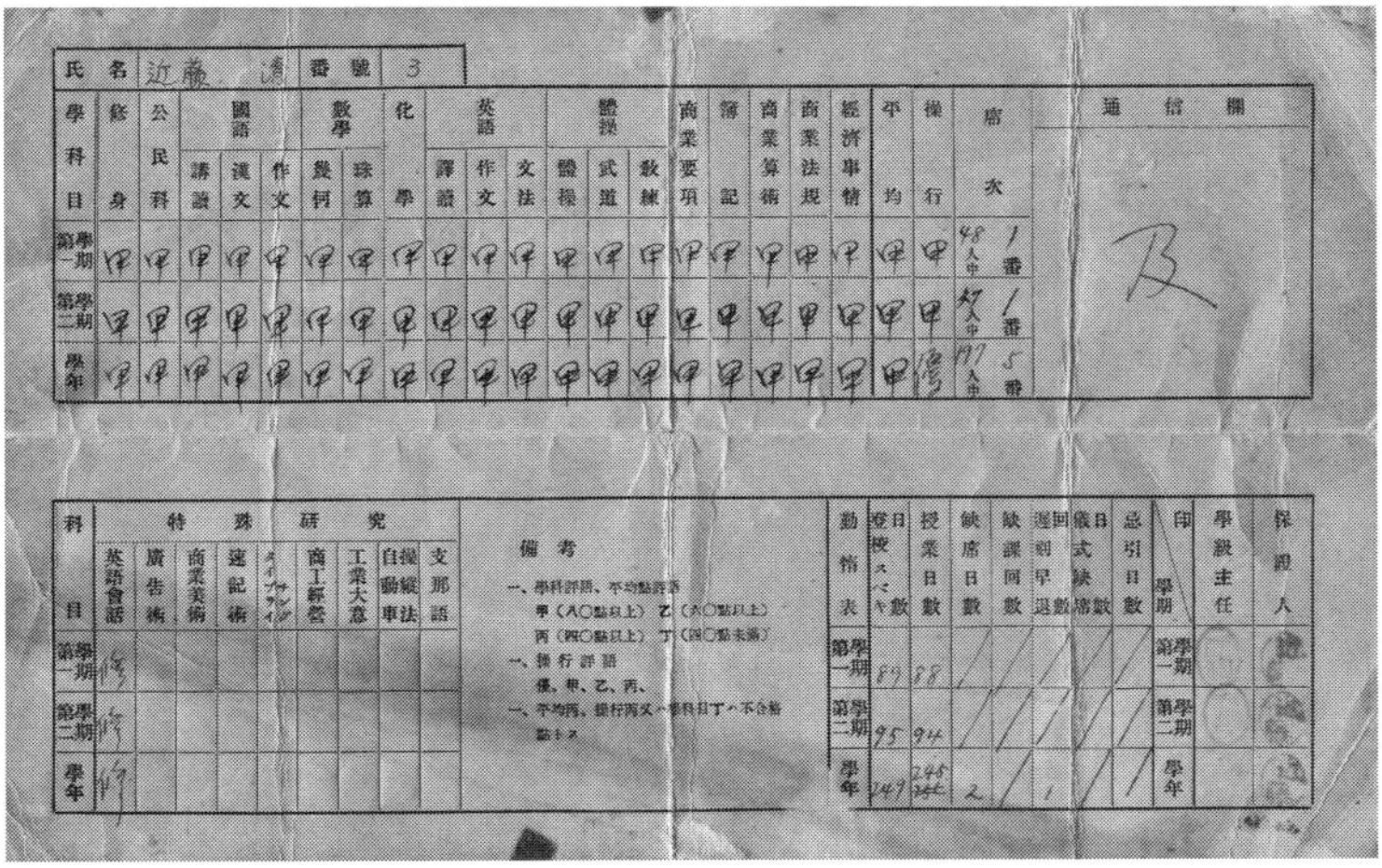

氏名 近藤清　番號 3

| 學科目 | 修身 | 公民科 | 國語 講讀 | 國語 漢文 | 國語 作文 | 數學 幾何 | 數學 珠算 | 化學 | 英語 譯讀 | 英語 作文 | 英語 文法 | 體操 體操 | 體操 武道 | 體操 教練 | 商業要項 | 簿記 | 商業算術 | 商業法規 | 經濟事情 | 平均 | 操行 | 席次 | 通信欄 |
|---|---|---|---|---|---|---|---|---|---|---|---|---|---|---|---|---|---|---|---|---|---|---|---|
| 第一學期 | 甲 | 甲 | 甲 | 甲 | 甲 | 甲 | 甲 | 甲 | 甲 | 甲 | 甲 | 甲 | 甲 | 甲 | 甲 | 甲 | 甲 | 甲 | 甲 | 甲 | 甲 | 48人中 1番 | 及 |
| 第二學期 | 甲 | 甲 | 甲 | 甲 | 甲 | 甲 | 甲 | 甲 | 甲 | 甲 | 甲 | 甲 | 甲 | 甲 | 甲 | 甲 | 甲 | 甲 | 甲 | 甲 | 甲 | 47人中 1番 | |
| 學年 | 甲 | 甲 | 甲 | 甲 | 甲 | 甲 | 甲 | 甲 | 甲 | 甲 | 甲 | 甲 | 甲 | 甲 | 甲 | 甲 | 甲 | 甲 | 甲 | 甲 | 優 | 197人中 5番 | |

| 科目 | 特殊研究 英語會話 | 廣告術 | 商業美術 | 速記術 | タイプライター | 商工經營 | 工業大意 | 自動車操縱法 | 支那語 |
|---|---|---|---|---|---|---|---|---|---|
| 第一學期 | 修 | | | | | | | | |
| 第二學期 | 修 | | | | | | | | |
| 學年 | 修 | | | | | | | | |

備考
一、學科評語、平均點評語
甲（八〇點以上）乙（六〇點以上）
丙（四〇點以上）丁（四〇點未滿）
一、操行評語
優、甲、乙、丙、
一、平均丙、操行丙又ハ學科目丁ハ不合格點トス

| 勤惰表 | 登校スベキ日數 | 授業日數 | 缺席日數 | 缺課回數 | 遅刻早退回數 | 儀式缺席日數 | 忌引日數 | 印 學期 | 學級主任 | 保證人 |
|---|---|---|---|---|---|---|---|---|---|---|
| 第一學期 | 89 | 88 | / | / | / | / | / | 第一學期 | | |
| 第二學期 | 95 | 94 | / | / | / | / | / | 第二學期 | | |
| 學年 | 249 | 245 | 2 | / | 1 | / | / | 學年 | | |

岐阜商 4 年時の成績表。（近藤幸義氏所蔵）

最初から調子よく一点一点と準々に得点し、敵は松井の好投に阻まれて八回迄二塁を踏むものがないと云ふ惨めさ、九回の自分が一塁への低投でランナを二塁に向へヒットをうたれ一点をやって、実に俺のエラーが大きかった。今日はノーアンダだ。長良の次二番を受けたまはった僕が、あんな調子では駄目だ。……

（「同前」一九三六年八月一九日付）

七対一で勝利したものの、失点一が自分のエラーであったことが、近藤はとにかく悔しかった。そして決勝の相手は過去準優勝二回を誇る、強豪平安中学。八月二〇日の決勝戦、松井を中心にまとまった岐阜商業は平安中学に圧勝し、念願の全国制覇を果たした。

大観衆が見守るなか、真紅の大優勝旗を受け取りにいく松井主将の英姿を追う近藤の眼には、あふれんばかりの涙がたたえられていた。

岐阜商業が勝ったのだ、優勝したのだ。どんよりと曇ってはいるが、サイレン高らかに鳴響き、我々はもう胸にこみ上げてくるものを感じた。

終に雌伏十二年、夏の甲子園制覇の待望が達せられたのだ。殊勲者松井が、あの真紅の大優勝〔旗〕をうけに行く時、松井君の最後の大会をかざってやった選手一同も、自分が全部の技倆を発揮して優勝出来た彼も、どうして喜ばずにはいられないだろう。僕はもう

早大野球部時代の近藤清。(近藤幸義氏提供)

たまらなく嬉しく、泣きたくなった。

……(「同前」一九三六年八月二〇日付)

甲子園大会を振り返って、飛田穂洲は、松井投手の快投のみならず、「牙城を守った捕手加藤、長良、近藤の質実な守備ぶり」(『東京朝日新聞』一九三六年八月二四日付)を、新聞紙上で賞賛した。このとき、近藤はまだ、のちに飛田からその薫陶を受けることになるとは想像もしていなかった。

## 早稲田大学時代

一九四〇年、近藤は第二早稲田高等学院に入学した。岐阜商の同級森武雄も同じ第二高等学院に進んだ。入学と同時に野球部に入部した近藤は捕手に転向した。伊丹安広監督の指示によるもので、新しいポジションに慣れぬ近藤を特訓したのは、同じく捕手で、松井栄造と同学年の小野欣助だった。前年度の一九三九年秋季リーグで、最高打者に輝いた小野から直接指導を受ける近藤を、同期の相田は羨望の眼差しで見ていた。

近藤君は昭和十五年の夏、私と一緒に部員になるとすぐ、捕手をやれ、ということになって、急遽小野さんについて捕手の練習をさせられた。小野さんは『清、清』といって、近藤君を可愛がって、手を取るようにして教えておられた。自分の後釜を育てるのに、近藤君と一体となって、自分のすべてを打ち込んでいる小野さんを見て、後輩はこのようにして、心を込めて育てるものなのか、と私は深く心を打たれた。

（『あゝ安部球場　紺碧の空に消ゆ』）

小野の特訓もあり、近藤は翌年からは早くもベンチ入りした。一九四二年、近藤は岐阜商業以来の友人森武雄とともに、松井と同じ商学部に進学する。同年春季リーグでは打率四割二分五厘、慶応義塾の別当薫につづく、六大学リーグ二位の好成績を収めた。秋季リーグでも近藤の活躍は衰えず、打率三割六分八厘、リーグ五位の成績を残した。

一九四三年度の新チーム編成に伴い、近藤は飛田の方針で外野手に転向した。慣れないポジションに近藤はとまどい、悩んだ。だが飛田は、キャッチャーとして見事な采配を揮《ふる》える近藤であれば、どこのポジションでもできることを確信していた。そしてチームの厚い信頼を集めていた近藤に、飛田は将来の早大野球部の監督を思い描いていた。

近藤は後輩の誰にでも、授業は出ているか、勉強をしているかと気さくに声をかけた。下級生だった谷山正夫は五歳年上の近藤からの激励があったがゆえに、その後も野球をつづけられたと、いまでも感謝の気持を持ちつづけている。学徒出陣のため、いよいよ合宿所を去ることになったころ、谷山の部屋に突然近藤が入ってきたことがあった。

近藤（左）と小野欣助。（近藤幸義氏提供）

近藤さんが電気スタンドの傘を持って来られて、岐阜の親元へ送ってくれと頼まれました。送り賃はありませんでした。依頼されたとおり、岐阜へ送りましたが、どういうことなんだろうと思いました。よくよく考えてみると、言葉に直接出されませんでしたが、「谷山ガンバレ、形見だ」という近藤さんの思いやりだったのですね。

（谷山正夫談）


近藤は野球だけでなく、スキーも楽しんだ。

大の甘党で、新宿にあんみつや汁粉を食べに通っていた。早稲田の風景をこよなく愛し、友とともにしばしば写真に収めもした。四年間にわたる早稲田の杜での日々を終え、近藤が学生服から軍服へと着替えたのは、最後の早慶戦から二か月後のことであった。

## 特攻・戦死

一九四三年一二月、海軍に入隊した近藤は、一四期海軍飛行予備学生に合格し、一九四四年一二月、海軍少尉となった。土浦から谷田部、さらには名古屋海軍航空隊に転属し、降下突入訓練を日々つづけていた。沖縄戦がはじまり、近藤は特攻を志願した。

四月八日、特攻出撃を前にした休暇で、近藤は岐阜に帰り、岐阜商業の後援会長遠藤健三のもとへ挨拶に行った。遠藤は近藤に、「立派に死んでこい」といった。それしかいいようがなかった。遠藤と近藤は長良川の土手を、ほとんど無言のまま二人で歩いた。

実家に帰った近藤は母や姉、甥らも交えて写真を撮影した。家族との最後の記念写真だった。

このときすでに、敬愛する松井栄造は戦死し、キャッチャーの指導を受けた小野欣助も、台湾で戦病死(一九四五年三月一〇日、台湾台中州で戦病死)していた。岐阜商業優勝の喜びを分かち合ったメンバーのうち、松井のほか、加藤三郎、加藤義男も戦死していた(長良治雄は近藤の後、五月二五日に戦死した)。

家族との最後の写真。左から平井ちえ子（姪）、平井しげ（姉）、近藤幸義（甥）、近藤清、近藤ぬい（母）、平井照二（甥）。（近藤幸義氏提供）

名古屋から鹿児島の第二国分基地へ移った近藤は、四月二八日、神風特別攻撃隊第三草薙隊員として九九式艦上爆撃機に搭乗し、沖縄に向け飛び立った。出撃直前、近藤は最期の文を認めた。早稲田の学費を出してくれていた、姉平井しげに宛てた遺書だった。

永い間、随分可愛がって戴いて本当に感謝して居ります。……では、元気で征きます。

（近藤清「遺書」。近藤幸義氏所蔵）

戦争が終わって八年が経った一九五三年四月中旬、外岡茂十郎は法学部の最初の講義に、新入生に向けて戦争中のある出来事について話をした。新入生白石宗靖は、外岡がそのときに話したことをいまでもはっきりと覚えている。

学徒出陣で早稲田を去る前日、近藤清が外岡の研究室を訪ねて来た。自分には何も差し上げるものがないが、これを形見として受け取って欲しいといって、一冊の法律学辞典が差し出された。近藤が辞去した後、外岡が本をめくってみると、朱の書き込みで染まっていた。

戦後、母ぬいは、日がな念仏に明け暮れた。玄関や窓ガラスの音がすると、すぐに振り向いた。清はどこかで生きていて、きっと帰ってくる——。最後の家族写真に写った甥の近藤幸義は、ぬいのその動作を見るたびに、祖母は叔父の復員を願いつづけているんだと感じた。

毎年、四月二八日になると、近藤家を訪れる一人の女性がいた。ぬいはこの女性に、「もう死んだ人はええから、いい人を見つけた方がいい」といいつづけた。近藤幸義によると、この女性の近藤家への訪問は、ぬいが一九六〇年に亡くなるまでつづいたという。

1 早稲田大学では、日中戦争から敗戦に至る時期に、教職員、校友、在学生中、陸海軍人として戦死・戦傷死・戦病死・不慮死・病死・死亡・事故死・殉職した者、及び非戦闘員で空襲により死没した者を「戦争犠牲者」と称している。

## 4　それぞれの八月一五日

### 早稲田

一九四五年八月一四日、日本はポツダム宣言を受諾し、翌一五日正午、戦争終結を伝える、いわゆる玉音放送が全国に流された。ここに太平洋戦争は終結した。

敗戦のこの日を、早稲田大学野球部合宿所がどのように迎えたかは分からない。合宿所にわずかに残っていた部員の一人松尾禎三も、八月初旬から勤労動員先の工場が滋賀県へ移ったため、一五日は大阪の自宅にいた。閑散とした合宿所は、「富樫のおばちゃん」が一人守るなか、セミ時雨の暑い一日を、何事もなかったかのように送ったに違いない。

では、一九四三年一〇月一六日の「最後の早慶戦」を、選手として、また観戦者として戸塚に集った野球部関係者や学生たちは、この日をどこで、どのような思いで迎えたのだろうか。その後の消息が分かっている野球部関係者のうち、幾人かの八月一五日を追ってみたい。

野球部長の外岡茂十郎は、郷里の静岡県賀茂郡でこの日を迎えた。早稲田が空襲に遭ったのと同じ五月二五日、自宅のある目黒区柿の木坂近辺も空襲で炎上したが、奇跡的に外岡の家は焼けずに残った。その際、防火にあたった外岡は、大量の水をかぶったことがもとで急性肺炎に罹った。重態に陥り、六月四日には家族に危篤が告げられた。医師や家族による懸命の介護で快復した外岡は、七月二四日家族とともに伊豆へ疎開し、敗戦を迎えた。

野球部顧問の飛田穂洲も、やはり五月二五日の空襲を境に帰郷していた。敗戦は故郷の茨城県大場村で知った。還暦を間近にした飛田は、これを機に大場村に永住することを決意する。

主将の笠原和夫は、この日、茨城県の百里原《ひゃくりはら》航空隊にいた。一九四三年一二月一〇日、海軍に入隊し、横須賀第二海兵団に所属した。翌年二月から、一四期飛行予備学生として土浦海軍航空隊での訓練がはじまった。この地では、近藤、相田と一緒だった。

四五年に入り、特攻隊員となった。沖縄戦最中のある日、鹿児島の第二国分基地に行った通信員から、近藤から託されたという手紙をわたされた。筆跡の乱れた手紙には、一足先にゆく、後からつづいて欲しい旨の文言が記されていた。笠原は近藤の「遺書」を焼いた。すぐに後を追う決意だったからである。

マネージャーの相田暢一は、大分海軍航空基地にいた。九日前の八月六日、偵察機の修理のため松山にいたときに、広島の原爆に直面する。その日、大分へ帰る際、広島上空を偵察した。市街地は焼け野原で、煙突二、三本が目に入っただけだった。一五日、敗戦を知り、全員沖縄へ突入しようとの声が挙がった。この動きを阻止した宇垣纏中将は特攻機に搭乗し、出撃して行った。

補欠選手だった岡崎宏太郎は八月一五日、東京小平の陸軍経理学校にいた。一九四五年一月一〇日、陸軍経理学校に入校。三月九日から一〇日にかけての東京大空襲のときは、はるか離れた下町の火災が小平からもはっきり見えた。

翌日、軍からの命令でトラックに乗って救済に行った。その惨状には、現在でも言葉に詰まる。戦闘機グラマンが低空を自由に飛び回っていた。「何しているんだ」と思うとともに、「これでは勝てない」と感じた。玉音放送はあまりよく聞こえなかった。

戦争が終結したことを知ったとき、「やれやれ」と思った。

同じく補欠の金光彬夫は、八月一五日を故郷の全羅北道で迎えた。「最後の早慶戦」直後、朝鮮人学徒の金光は「志願」兵の対象者となる。だがそれは、「志願という名の徴兵」（『朝鮮人学徒出陣』）であり、金光は何としてもそれから逃れたかった。

そのため早稲田を退学し、早大野球部ＯＢで元巨人監督の藤本定義の紹介により軍需工場の勤労をはじめた。そして、その野球センスを高く評価していた藤本の誘いにより、職業野球球団の朝日に入団する。一九四四年四月二二日の後楽園球場での巨人戦、初打席でホームランを打つ。プロ野球史上、初の快挙だった。夏季リーグを最後に朝日を退団し軍需工場で働いていた金光は、東京大空襲を機に一家とともに故郷へ帰った。

戦後、本名の金永祚《キムヨンゾ》に戻り、韓国野球界の立役者となる。早稲田での学生生活をまっとうできなかったことに「恨」を持ちつづけた金であったが、一九八一年の亡くなる間際まで、「都の西北」を口ずさんでいたという。

「最後の早慶戦」で入場者の整理を担当していた谷山正夫は、八月一五日を知多半島のある寺で迎えた。一九四五年五月二五日の早稲田空襲の日の直後に徴兵されて、東海第五部隊に配属される。入営前、豊橋の実家で母から頼まれ、「遺髪」を用意した。二等兵で入営した谷山の主任務は、名古屋の戦災の後始末だった。八月一五日は知多半島で、海岸からの敵前上陸に備えて戦闘訓練をしていた。玉音放送はよく聞えず、内容は分からなかった。でも、戦争が終わったことは分かり、これで家に帰れる、命が助かったと思った。

そして「最後の早慶戦」の二塁手森武雄は、満洲の新京で敗戦を迎えた。一九四三年一二月一日に徴兵検査を受け、甲種合格した森は加古川の戦車隊に入隊したが、すでに戦車がなかった。まもなく、新京陸軍経理学校へ入学したが、満洲へ向かう日本海上の船のなかで、二度と生きては日本に帰れないことを覚悟した。

一九四四年一〇月に同校を卒業して見習士官に任官した森は、関東軍への転属を命ぜられ、新京貨物廠の検収係長となった。かつては精鋭を誇った関東軍ではあったが、主力の戦車や航空機はすでに南方の戦場に移動した後だった。一九四五年八月一五日、野戦貨物廠に所属していた森らは部隊長に呼び集められ、玉音放送を聞いた。だが雑音でほとんど聞けなかった。戦争は終わったと伝えられたが、森には驚きはなかった。すでにソ連軍が満洲国境を越えて進入してきていたことを知っていたからである。

九月下旬、捕虜となった森は、同じ部隊の約二三〇〇人と共に貨物列車に詰め込まれた。ソ連の引率将校によれば、新京からウラジオストックへ向かい、そこで鉄道を修理して日本に帰国させるとのことだった。しかしシベリア鉄道は東に向かわず、西へ西へと昼夜を分かたず走りつづけた。一〇月初め、森らはチタ州のブカチャーチャに着いた。そして、炭鉱掘りの強制労働を科せられることになった。

ここに森の二年近くにおよぶ抑留生活がはじまった。零下三〇度の極寒の地、しかも食糧はほとんどなかった。そのため栄養不足となり、シラミが大発生してチフスが流行し、病人が続出した。食べる物も薬もなく、約八〇〇人が死んだといわれている。

抑留が終わり、森が舞鶴に着いたのは、一九四七年一〇月二二日だった。その輸送船のなかでふと目にした新聞に、岐阜商業の後援者、遠藤健三が社長を務める大日本土木が都市対抗野球で優勝した記事を目にする。


では、「最後の早慶戦」に集まった観戦者たちは敗戦を、どのように迎えたのだろうか。

早慶戦をスコアをつけながら観戦していた浅沼幸一は、立教中学の四年だった。浅沼は、東京都と埼玉県の境にある銃弾製造工場へ勤労奉仕に通っていた。ちょうどこの日は電休日だったため、自宅で玉音放送を聞いた。この日の日記に浅沼は、「まさか、此の如にならうとは思はなかった」と書き、次のようにつづけた。

しめた。兵隊はのびる。野球もできる。（中略）くへる。のめる。この際、野球復活のチャンスだ。親善の意味で、アメリカへも行ける。しめた。浅沼式野球確立。万才。遂にチャンスだ。

（「浅沼幸一日記」一九四五年八月一五日付。浅沼幸一氏所蔵）

近藤清の知人、寺尾哲男は台湾の高雄にいた。一九四五年一月、フィリピンのクラークフィールドで事実上解体し、高雄で再起をはかった攻撃第七〇二飛行隊（第七六五航空隊傘下）に所属していた。この飛行隊は、二月まではレイテ島の米軍爆撃を、三月からは沖縄への米軍上陸部隊に向けての爆撃や魚雷攻撃を任務としていた。

だが敗戦までの半年の間に、陸上攻撃機二五機、搭乗員一八〇名を失い、その機能は完全に喪失していた。玉音放送を聞き、敗戦を知ったが、大本営からの情報で、戦局が絶望的であることは分かっていた。沖縄戦のみならず、内地の空襲状況の詳細まで情報を得ていた。戦争は終わったが、これからどうなるのか、まったく分からなかった。まもなく台湾に上陸してきた中国軍との間で、武器・弾薬、備品等の全所有物件の接収手続きがはじまる。復員船（リバーテイ）が高雄に来たのは、翌四六年三月一六日のことであった。

早慶戦試合当日、写真を撮影した関口存彦は、一九四五年三月に召集令状が届き、金沢の陸軍歩兵第四九連隊に所属した。中国戦線へ行く予定が、アメリカ軍の潜水艦攻撃のために行き先が変わったと聞いた。

金沢の町をあちこち行進させられ、列車に乗せられる。窓のブラインドは閉められ、どこへ行くのかまったく分からない。到着した地では、しょう油の臭いがした。千葉県の銚子だった。千葉の山武郡では横穴掘りをし、作業の合間には荷車を敵の戦車に見立てて、小型爆弾を投げつける訓練などをした。

八月一五日はアメリカ軍上陸に備え、自分の体が入るくらいの穴を掘っていた。玉音放送は知らなかった。昼食時、戦争が終わったという情報が伝わった。だが太平洋で連合艦隊がアメリカ軍と決戦し、引き分けたとの話も聞いた。

その後、敗戦を正式に知り、この地はもう日本のものではないと思うと悲しかったが、その一方で、命が助かったことに喜びを感じた。隊内では、アメリカ軍の捕虜になるのではないかとの心配が広がり、「逃亡兵」も出はじめた。四月一三日の空襲で焼けた東京目白文化村の自宅焼け跡に戻ったのは、九月一六日のことだった。

関口の撮った写真にあどけない顔で写っていた大貫功は、八月一五日を石川県小松の航空隊で迎えた。一九四四年八月、三重海軍航空隊に入隊。四五年五月二五日夜、早稲田が空襲されたのと同じ日、東京原宿の大貫の自宅も空襲に遭い、母が死に、父も全身火傷を負った。

疎開先の秋田での葬儀から帰隊した直後の六月一二日、全員海軍士官の正装で集合を命ぜられる。戦局窮状が告げられ、司令から特攻志願が募られた。自由意志の志願であること、母子家庭や空襲で父母を失った者などはその限りではないとの話もあった。

しかし、大貫は躊躇《ちゅうちょ》することなく、特攻を志願する。辞退する者は四五〇名中一人もいなかった。出撃は一一月以降が予定されていた。七月、横須賀で暗号の特訓を受けた大貫は、八月六日小松航空隊に着任、以後、ポツダム宣言受諾に至るまでの政府と海軍間の情報伝達や、敗戦を機とする厚木航空隊司令小園大佐の反乱と米内光政海相の鎮圧などはリアルタイムで把握していた。

一五日の玉音放送は、ほとんど意味が理解できず、最後の「万世ノ為ニ太平ヲ開カムト欲ス」の言葉で、戦争が終結したことを知った。一瞬茫然としたものの、すぐに、もともと自分は軍人になりたかったのではなく、政治学を志していたことに気がつく。そして士官同室の慶応義塾出身の同期の者と、大学に戻って、また学問がやれるんだと語り合った。

## 慶応義塾

日吉の、三田の、塾生の青春を奪い、キャンパスを廃墟に変えた戦争が終わった。そのことを告げる昭和天皇の玉音放送のとき、あの日、戸塚に集った人々はどこにいたのであろうか。

小泉塾長は、慶応病院別館一階の病室で終戦を迎えた。起き上がることもできず、仰臥《ぎょうが》のまま、廊下の奥から聞こえてくる放送に耳を傾けた。

一二月一日、退院を迎えた小泉の顔全面には大きくただれたやけどの跡、両手は不自由となり、足も衰えて柔道部の塾生に背負われての帰宅だった。この日、小泉は「塾生諸君に告ぐ」と題する長文の掲示を、義塾構内の掲示板に貼り出している。


……民主主義の大道を拓《ひら》くは、事、素《もと》より容易ではありません。しかし幸いなるかな、吾々慶応義塾同人のためには八十年前福沢先生の高くかかげられたる炬火《かがりび》の火が今なお炳《へい》として行く手を照らしています。かの、天は人の上に人を造らず人の下に人を造らずといへり、との一句をもって筆を起こした先生の有名な『学問のすゝめ』は、遠く明治五年の著述でありますが、その意味は常に新しく、言々宛《あた》かも今の世を警《いまし》められたるかの如き感があります。先生はまた、本来人に貴賤《きせん》なし、貴賤はただ人の学ぶと学ばざるとによって岐《わか》れるとも訓《おし》えられました。吾々は今にして先生の教えを思うことが切であります。吾々は学ばざるがために敗れ、学ばざるがために戦うべからざるに戦いました。国民は肝に銘じてこの事を記憶しなければなりません。……

…戦い敗れたりと雖《いえど》も気品を失わず、常に信ずるところを言い、言うところを必ず行う信義の国民であることを、事実によって世界に示してこそ、始めて吾々は新しい出発をなし得るのだと私は信じます。民主主義の根基は各人の自尊自重の念にあることを、諸君は寸時も忘れてはなりません。
現在吾々は非常な苦境にあります。しかし諸君、艱難《かんなん》に挫《くじ》けてはなりません。詩人は甞《かつ》て我が慶応義塾学生のために歌っていいました。

まなこを挙げて　仰ぐ青空
希望は高く　目路《めじ》は遙《はる》けし
慶応義塾の若き学生

まことに然り。諸君は常に目を挙げて大空を望み、常に希望を高く保たねばなりません。よしや新日本建設の路は遠くとも、諸君の健脚は必ずこれを踏破することを信じます。今日書籍も無く、筆紙墨も足らず、諸君の修学は様々の故障に妨げられています。しかし先師福沢先生はもっと遙かに苦しい勉強をせられたのです。それを思えば諸君は自ら発奮せずにはいられないでしょう。かくして相共に励まし合って吾々の進むべき道を進もうではありませんか。……

（『小泉信三全集』第二六巻）

アメリカの占領下、世間では口々に「民主化」や戦責（戦争責任）が叫ばれた。義塾においても小泉に対して容赦なく逆風が吹きつけていた。そのことを象徴するように、この掲示も、まもなく塾生の手によって貼がされてしまったといわれる。塾生や教員のなかには、各教室の「塾長訓示」を貼がして回る者たちの姿もあった。

小泉は、塾長続投支持と不支持の意見が相半ばする混沌とした学内情勢のなかで、一九四六年末に任期を終えて塾長の座を去った。その間、体調は万全に至らず、ついに三田山上に、塾長として再び立つことはなかった。塾長代理を務めたのは高橋誠一郎であった。

野球部長平井新がどのように終戦を迎えたかは不明である。しかしこの八月、平井は野球部長を辞している。後を継いだのは、あの戸塚球場の試合前の集合写真に、義塾体育会理事として収まっていた浅井清であった。浅井は自宅を空襲で失い、日吉の体育会合宿所に住み込んで学生の留守を守っていた。

あの日、戸塚に集い、出陣していった塾生たちはどこにいたのだろうか。

応援を指揮していた自治統制会の一人吉沢幹夫は、愛媛県大浦の海軍特殊潜航艇基地で特攻出撃待機中に終戦を迎えた。一九四四年八月、長崎県川棚の魚雷艇訓練学生として教育を受けていた吉沢らは、総員集合をかけられ、特攻兵器搭乗員一〇〇名の募集を告げられた。熱望・望・不望に○を付ける志望書を前に、一夜を眠れずに過ごした。

いずれ散る桜、どうせ散るなら望まれるところでいさぎよく散ろうと決心し、熱望に思いきり大きな○印を記した。

（『わが海軍　旧海軍全教育機関の記録写真集』）

選抜された一〇〇名は秘密裏に瀬戸内海の秘密基地に移送され、真珠湾攻撃から導入されていた特殊潜航艇（甲標的）艦長訓練生として危険な訓練を連日繰り返した。

「これが貴様の鉄の棺桶」と現物を見せられ、九軍神神社に参拝して引導を渡された。僅か二年半前、全く別世界で育った崇高な死生観を持った者のみが果たし得る神わざとして、他人事《ひとごと》のように受け止めていた世界に、まさか自分が現実に立っていようとは、既に覚悟はして来たものの足がガクガク震えていたのを昨日のことのように思い出す。その夜ガンルームで一発気合を掛けられた後で、陶製の茶碗で何杯でもお替わりできるギン飯を食ったとき、川棚水雷学校の仲間が今日もアルミの丼で一膳めしを食っていることと考え合わせ、こりゃ大分靖国神社に近いところへ来たぞと実感のこもった冗談などを交わし合ったものだ。（同前）

「諦めとも覚悟ともつかず、大げさに死生観がどうだこうだということもなく、不思議に糞落ち着きに落ち着いた気持ちで一人前の特潜乗りになりきっていた」（同前）という吉沢は、幸い生き延びた。このように辛くも終戦を迎えた者のなかに、のちの塾長石川忠雄もいる。石川は陸軍特別攻撃隊の一員として山形県真室川飛行場で終戦を迎えた。前線基地へ出発する直前だった。

しかし、学徒出陣組の塾生から特攻に出撃した者も少なくなかった。そのなかには「明日は自由主義者が一人この世から去って行きます。彼の後姿は淋しいですが心中満足で一杯です」(『新版きけわだつみのこえ』)と出撃前夜に書き残した上原良司もいる。

あの日、レフトを守った矢野鴻次は山形の海軍航空隊で終戦を迎えた。作業に出ていて、放送は聴かなかった。

悔しかったですね。士官だったもんで、日本刀を持っていまして、悔しさから隊のなかに植わっていたリンゴの木の枝を一本切りましたよ。いままで切れ味も何も試したこともなかったですからね。様々な噂が流れまして、僕らの命もどうなるかわからないといわれていました。

(矢野鴻次談)

海軍少尉に任官したころの大島信雄。(大島信雄旧蔵アルバム、慶応義塾福沢研究センター所蔵)

海軍に行った大島信雄(ライト)は青森大湊の基地で終戦を聞く。その瞬間力が抜けたが、次第に「助かった」という気持ちが広がった。「同期の桜」一五〇人のうち五〇人が亡くなっていた。同じく海軍の久保木清（投手）は滋賀の大津にいた。陸軍の長尾芳夫（一塁手）と加藤進（代打）は名古屋、増山桂一郎（三塁手）は阪神の香櫨園浜で、そのときを迎えた。河内卓司（ショート）は台湾、片桐潤三（マネージャー）はタイとビルマの国境付近のジャングルにいた。山県将泰（二塁手）はマレーシアの山中でゲリラ戦に加わっていた。

それぞれが日本内外に散らばるなかで、センターを守った別当薫は意外な場所にいた。温厚で飄々とした風貌で知られた彼も、出陣後、舞鶴の海兵団で水兵として厳しい軍隊生活に入った。その様子を同僚が後に記している。

> 「このくらいの寒さがなんだっ!!」指導係の下士官や一等水兵の怒声と共に、甲板洗いをする別当の腰に、甲板棒や軍靴の踵が飛んだ。
> 当時は別当も海軍に入っては名もない一人の三等《ママ》水兵にすぎないんだからたまらない、こゝ舞鶴で天下の別当も、くしゃ〳〵に揉みこなされた。
> （『文藝春秋』二九巻一〇号）

その後、海軍予備学生として士官服に着替え、フィリピンへの配属が決まっていたが、輸送路が断たれ、待機の地上勤務がつづいた。その間の事情を別当はこう語っている。

部隊の配属が発表されたとき、「別当少尉、比島」といわれ、ガクッときたよ。硫黄島へ行くことになった友達は「硫黄島は小さいので、敵が見逃すかも知れないが、比島はだめだぞ」とおどしたが、人の運命なんて、わからないもんだ。戦局の悪化で、横浜の司令部勤務で無線の担当になり、そこでね、硫黄島玉砕の電報を受信した。それは実に名文で、これから最後の突撃をするが、兵士の戦意は少しも衰えていない、という。その心情が痛いほどわかった。

（『戦争9　戦没野球人』）

戦局は悪化していたが学徒出陣組の彼らには長期の訓練が施された。そのため、訓練を積んで任務に就いたのは、一九四四年秋から翌年春にかけたころであったが、すでに彼らを戦線にさえ送り出せなくなっていたのである。

ところで、別当が硫黄島の電報を受信した「横浜の司令部」とは、連合艦隊司令部が入っていた日吉キャンパスの地下壕のことであった。

日吉では玉音放送の日、司令部の置かれた寄宿舎前の広場に海軍関係者が集められ、玉音放送が流された。別当がそのときここにいたかは知り得ないが、司令長官小沢治三郎以下幹部はそのときここにいた。キャンパス内に置かれていた海軍の各部署では、重要書類の焼却が行われ、数日にわたって数条の煙が立ち上っていたという。

三田では、駐留していた陸軍東部第六部隊や残っていた教職員が、塾監局前で玉音放送を聴いた。その列の脇に、前年足を負傷して一時帰宅していた、自治統制会のあの日の塾旗の旗手、肥田野淳の姿があった。

戦地からぞくぞくと復員してきた塾生たちが幻の門の奥に見たのは、焼け落ちた図書館の八角塔、大ホールの廃墟、そして唯一雄々しくある塾監局と大銀杏の姿であった。陸軍のカーキ色や海軍のネイビーブルーの軍服姿の塾生たちは、知り合いを探しては「キサマ、生きていたのか」と顔を耀かせて駆け寄り、次には、アイツも死んだ、コイツも死んだ……、と互いに戦死者の情報を尋ねあった。

あの試合を観戦していた塾生の一人、土井庄一郎（一九四四年出征）は、復員して最初に受けた超満員の憲法の授業を強烈に記憶している。その教授は、戦争賛美を繰り返す神がかった憲法論を展開することで有名だった。ところが、開口一番、自分が戦中からいかに民主主義者であったかを力説しだしたという。

当初、反省の弁かなにかを期待して、静まりかえっていた教室のあちこちから失笑がもれてきた。その失笑は、やがて大きな笑い声となり、教室中に広まっていった。……笑い声が嘲笑とわかったとき、ついにこの教授は教壇を降りて廊下に姿を消していった。

嘲笑のひびきのなかには、学生たちの自嘲の声が秘められていた。笑い声はやがてさびしく静まっていった。

（『毎日新聞』一九八七年一二月一七日付）

日吉キャンパスに残る連合艦隊司令部の地下壕。左は元作戦室。戦争史跡として保存が進められている。

八月一五日を境とした価値観の大転換に、多くの者が戸惑いつつも順応していくなか、ふと、この前までの自分の姿に出会うとき、それは自嘲の対象でしかなくなっていた。三田の大銀杏が色づきはじめた一一月ごろの話である。

そのころになっても、いまだ消息不明だった者が、あの日のナインの中に一人だけいる。主将の阪井盛一である。彼は満州の間島《かんとう》（現吉林省）延吉《えんきつ》の第三国境守備隊副官となっていた。八月九日のソ連侵攻への抗戦、そして日本兵の遺体がころがる道をハルピンまで撤退する途中、停戦が訪れた。その後、ウラル山脈の西、ボルガ支流のカマ河畔にあるエラブカ将校捕虜収容所で二年に及ぶ極寒の抑留生活を送ることとなった。将校中心に約一万人が収容された。

一九四七年に入って、抑留者のなかから野球をやろうという声が挙がった。野球を知らないソ連人と交渉して許可を得たのは、大蔵省官僚でのちに衆議院議員となる相沢英之であった。早稲田出身者が三〇〇人、慶応出身も二〇〇人いたといわれるなかで、慶応側は阪井のほか、成田啓二、蹴球部出身の根本雄太郎、柔道部出身の石渡顕一、そのほか朝倉謙一、穴沢彰、鶴巻幸治郎ら、早稲田は当時四七歳だった往年の名ピッチャー谷口五郎、西村満寿雄、町谷茂、阿部理八らが名乗りをあげた。

小石を毛布でくるみ、長靴の中張の皮で仕上げた谷口手製のボール、白樺を削ったバット、防寒手袋や毛布でつくったグラブで準備が整えられ、試合が近づくと、仲間が自分の食糧を我慢して選手たちに分け与えた。早慶ともに、あり合わせの布でつくられた校旗が翻るなか、楽団による「若き血」と「都の西北」の演奏も流れ、シベリアの春の早慶戦が実現した。病人以外の全員が声援を送るなか、早稲田は谷口が好投したものの五対三で慶応が勝利した。阪井が復員を果たすのは、この年の暮れのことであった。それをもって「最後の早慶戦」の慶応側選手は全員無事に戦地から戻ったのであった。

しかし、慶応義塾の野球部員として活躍し、この大戦に逝った者は二〇名に上る。

## エピローグ

# 早慶戦の復活

敗戦から三か月、まだ戦災の余燼の残る一九四五年一一月一八日、OB・現役一体の復活早慶戦が、四万五千人の観衆が見守るなか、神宮球場で開催された。戦後最初の早慶戦である。

＊

## 慶応野球部

荒廃した日吉体育会寄宿舎に、最初に戻ってきた出征野球部員は別当薫だった。すでに述べた通り、別当は海軍にいたころも日吉に出入りする機会があったが、終戦直後は徹底抗戦を叫ぶ者による多少の混乱もあって、八月二三日に復員、ただちに野球部合宿に戻った。空襲で焼け出されて住み込んでいた戦後最初の野球部長浅井清一家がそれを迎えた。

合宿には、日吉寄宿舎を海軍に貸与した関係で仮住まいをしている学生たちが残っていた。しかし彼らの使用が手荒だったことや、掃除や管理の行き届かなかったこともあり、窓が破れ、畳はすり切れ、ノミ、南京虫だらけという状態であった。ネズミ捕りには、一晩で一〇匹もかかることがざらであったといい、毎晩ガッシャーン、ガッシャーンというネズミ捕りの音を聞いて眠りに就いたという。幸い野球用品もユニホームも、残っていたが、倉庫に眠っていたそれらが、ひどく痛んでいたのはいうまでもない。

出征した他の部員たちはなかなか日吉に戻って来なかった。別当が中心となって部員集めが行われ、野球部再開がはかられていった。

早慶ＯＢから野球試合開催の声が挙がり、六大学野球ＯＢによる神宮球場での紅白試合が開催されたのは一九四五（昭和二〇）年一〇月二八日のことであった。三田が廃墟と化した五月二五日の空襲は神宮一帯も襲い、球場アーケードに格納されていた薪炭や建築資材の炎上から大損傷を被ったスタンドは、いまだ生々しい焼損をさらしていた。加えて神宮外苑全体が米占領軍に接収され、球場は米軍専用球場「STATESIDE PARK」となっており、スコアボードの下にはその名が白ペンキで大書されていた。そのような制限下でＧＨＱの許可を得て戦後最初の神宮での野球試合が実現したのである。

このとき出場した慶応の現役選手は別当ただ一人であった。ほかにＯＢの白木義一郎が紅組のピッチャーを務め、「百万ドル」の一角をなした宇野光雄も出場した。試合としては、一一―三で白軍の勝利に終わったが、即席チームでもあり、エラー続出のお粗末なものだったという。当然次に沸き起こったのは、早慶戦開催を求める声である。

慶応野球部の練習が再開されたのは、ちょうどこのころのことである。日吉野球場は義塾獣医畜産専門学校の芋畑となっており、練習が開始されたのは日吉の陸上競技場であった。再開時の部員数は二二名、部員総出で毎日ネットを張り、フィールドにローラーをかけ、ラインを引いた。その姿は「野球部創立当時の如き事を六十年後にすら行った」（『体育会誌』再刊第一号、慶応義塾体育会）と振り返られるような原始的で涙ぐましいものであった。ボールは戦中の物資不足の中で使用していたスフ入りのものを、破れても破れても交代で縫って使った。野球場は、芋が収穫された後、農場から牛を借り、地ならしをしてようやく使用できるようになった。

早稲田が戦時中に買い入れていた大量のボールの一部を、慶応に提供しようという福音が届いたのも、まさにこのころである。そのとき戸塚に出向いた予科二年の梅沢喜久也は、早稲田のマネージャー松尾禎三から五ダースほど受け取ったのではないかと振り返っている（梅沢喜久也談）。ときあたかもOBも交えた全早慶戦（オール早慶戦）の開催計画が進められており、一日も早い六大学リーグ復活も望まれていた。

早稲田の野球部長外岡茂十郎は「とにかく一日も早く練習して下さいと、それでリーグ戦をやろうじゃないかという気持ね、ちょうど上杉謙信が武田信玄に塩を送ったようなものだよ」（『三田新聞』一九五七年一一月一〇日付）と語っている。

恩着せがましくもなく、しかも数年を経てお互い顔も良く見知っているわけではなく、ややよそよそしいなかに、ボールは引きわたされ日吉へと運ばれた。受けとった慶応はその友情を謝し、大事に長く使用するため、ピッチャーだけに使用させ、ほかは相変わらず焼け残りのスフ入りで練習をつづけたという。

早慶戦の復活は、敗戦により自信を失った日本人を熱狂させた。しかし、慶応側は、選手の復員がなかなか進まず、年内には別当、大島、それに加藤進だけだった。年が明けてようやく加速し、あの日の出場選手でも、河内卓司、増山桂一郎、矢野鴻次、山県将泰らが戻ってきた。まだまだ戦力不足で、春には異例の新入部員募集の掲示を出すなど、苦労がつづいたものの、別当主将を中心に彼らが戦後の慶応野球部再建をリードしたのである。

部の再建のかたわら、六大学野球の本舞台、神宮の使用許可や返還を求めて陰に陽に奔走したのは、慶応のマネージャーに復帰した水野次郎や早稲田の相田暢一らであった。

そしてもう一人。塾長を退いた小泉信三の自宅には、野球部や応援指導部（自治統制会の後身）の学生が集うようになっていた。戦後の神宮球場に、双眼鏡を手に慶応野球部を見つめる小泉の姿が必ずあったことは、多くのOBの記憶に刻まれている。

戦後最初の六大学リーグで優勝杯を手にした主将別当薫。（大島信雄旧蔵アルバム、慶応義塾福沢研究センター所蔵）

## 早大野球部

一一月一八日の早慶戦に向け、戸塚球場には球音が鳴り響いていた。グラウンドで生き生きと練習に励む学生たちのなかには、大場村から上京して来た飛田穂洲の姿があった。

合宿所には、マネージャーの相田暢一が戻っていた。一〇月、故郷小樽から早稲田に帰った相田は、合宿所で薪を割っている岡本忠之に会い、互いの無事を喜び合った。年が暮れかかるころ、相田は外岡部長から監督就任を打診された。飛田の意向を受けた要請だった。こうして相田は、一〇〇年を超える早稲田大学野球部の歴史のなかで、ただ一人の学生監督に就任する。

部長の外岡は一〇月一〇日、東京に戻った。一一月一八日の復活早慶戦を前に、外岡はその日が待ち遠しくてならなかった。このころの外岡の様子を長女の玲子は、「御父様は、この十八日に早慶戦をやるといふので、この頃は何かといふと、すぐ野球の御話しをなさるので、面白くてならない。野球がこんなに早く復活するとは、全く思はなかった」(「外岡玲子日記」一九四五年一一月八日付。長島和子氏所蔵)と日記に書いた。

復活早慶戦に向け、現役とOB混合のチームが編成された。早慶両チームのメンバー構成は、早稲田が学生六名からなる現役選手中心のチームだったのに対し、慶応はOB主体で編成された。早稲田のメンバーのなかには、往年の名投手若原正蔵らの姿もあった。

「最後の早慶戦」の記念写真に収まった選手のうち、早稲田では、笠原、岡本、穎川、岡崎、山村、片山、舛形が、試合に出場した。九月には合宿所に戻ってきていた谷山正夫は、「お前、生きていたか」と、喜びに満ちあふれた雰囲気のなかで試合がはじまったことを覚えている。

神風特攻隊員だった笠原和夫は復員後、岐阜で会社勤めをしていたが、早慶戦開催の報に、

敗戦後、初めて開かれた全早慶戦で。早大野球部チーム。1945 年 11 月 18 日。
（早稲田大学大学史資料センター所蔵）

急きょ夜行列車で駆けつけた。「最後の早慶戦」のときに身につけたのと同じユニフォームを手にして、笠原は人前をはばからず落涙した。

*

一一月一八日、慶応ＯＢ山岡鎌太郎と前早大野球部監督伊丹安広の尽力で戦後最初の早慶戦が実現した。「最後の早慶戦」から二年、神宮での早慶戦は三年ぶりであった。接収中の球場は使用が厳しく制限され、スタンドには物珍しそうに眺める米軍兵士の姿も多かった。

試合開始は、慶応ＯＢ小野三千麿が、消防車のサイレンを手回しで鳴らして告げた。鳴らせることが平和の証だった。現役選手が六名そろった早稲田に対して、慶応は別当のほかにようやく大島が戻って、現役は二人。大島は、郷里でバラックを建てているところに電報が届き、平和になったことを実感して素直にうれしかった、とのちに振り返っている。

先攻慶応に対して、早稲田はスパイクではなく、軍靴を履いた若原がマウンドに立った。主審は二年前と同じ、天知俊一。ラジオ中継もされた二時間半にわたる熱戦は、延長一一回、六対三で慶応が制した。両校の明るくはつらつとしたプレーの連続に、スタンドを埋める観衆からの歓喜の声は止むことがなかった。

試合が終わり、帰宅した早稲田の外岡部長を長女の玲子は、「野球は延長戦までもちこんだが、たう〳〵敗れてしまった。でもよくやったと御父様は御満足の御様子」(「外岡玲子日記」一九四五年一一月一八日付) と日記に書き記した。

オール早慶戦はこの試合を皮切りに、西宮、高岡、金沢などでも開催された。選手の懸命なプレーに、満員の観衆は喝采の声を挙げた。その声援は同時に、焼け跡から復興に向けての、みずからへの励ましでもあった。

＊＊

東京六大学野球連盟は一九四六年三月一一日に復活、六月一五日には後楽園で戦後初の早慶戦公式試合が行われた。同年一二月の日本学生野球協会結成、「学生野球基準要綱」（のちに改定され日本学生野球憲章となる）の制定に伴い野球統制令は廃止され、学生野球が民間による自治を回復したのは、翌一九四七年五月のことである。

六大学野球全試合の神宮球場復帰が実現するのは一九五〇年秋リーグ、米軍による神宮外苑接収の全面解除は、一九五二年三月まで待たなければならなかった。

# おわりに

慶応義塾福沢研究センター所長
小室正紀

早稲田大学と慶応義塾大学。この二校の関係は、世界の大学史の中でも極めてユニークなものかもしれない。

明治以来の帝国大学・官立大学中心の教育政策の中で、よく「私立する」ことを守った二校だが、世界的に見れば、日本のように大学が官立・私立の二極構造に大きく分かれている国はあまりない。両校は、その状況の下で私学を代表する二校でありつづけることに苦闘した。その間に両校関係者が抱き続けてきた想いは、他国の大学関係者にはなかなか理解しがたいものだろう。

また、両校の創立者である福沢諭吉と大隈重信が、時には政治的同志といってもよいほどに、親交を結んでいたことも銘記すべきである。世界の大学間の関係として、このような例も、寡聞にして聞いたことがない。さらに、この二校が、それぞれの創立者の教育理念に基づき、ともに教養ある市民を送り出すことに重きを置いていた点も、日本の大学史の中では注目すべきである。日本の私立大学は、そのルーツをたどれば、法律学校などとして特定の資格取得を目指した学校が多かった。それに対して、初期の両校は、何の資格とも結びつかない経済学あるいは政治学を教育の中心に置いていた。個々の市民が、自分達が生きる社会を適格に把握する。その力を持つことが重要である、という理念がそこには共通していたといえる。

このように見てくると、両校の共通性や深い関係は、日本の近代史の中で形成されたものであり、また、両校の存在自体がこの歴史の一面を象徴している。良きスポーツのライバルとしての両校の関係も、単にスポーツの強豪同士であったからではない。日本近代史の中で「私立する」ことを目指した同志であったという背景があったからこそ、良きライバルとなったと言うべきである。

「最後の早慶戦」は、このような両校の関係を象徴する出来事であった。戦局の厳しさを国民が感じ始めた時期、出征を前にした若者達が、最後の思い出を懸けた試合。それ自体が人々の感動と涙を呼ぶ出来事であったには違いない。しかし、上に述べたような両校の関係や、近代史の中で両校が共に歩んで来た道程がなかったならば、戸塚球場の情景は変わっていたのではないだろうか。エールや校歌の交歓、そして「海ゆかば」の合唱があったとしても、あそこまでの高揚は無かったに違いない。その背後には、両校が共有してきた同志としての歴史があった。もちろん、あの日、戸塚球場に会した人々の中で、そのことを意識的に考えた者は、ほとんどいなかっただろう。しかし、この歴史は、両校を包む一つの文化として、そこに身を置いた者の皮膚感覚に近いものとなっていたはずである。

本書の企画は、早稲田大学大学史資料センターが「一九四三年晩秋　最後の早慶戦」展を催したことに始まる。この展覧会は好評を博し、展覧会後に教育評論社と同資料センターとの間で本書の企画が始まった。その後、教育評論社から慶応義塾福沢研究センターへも企画への参加要請があったが、企画内容を拝見し、これは単なる協力ではなく共編の方が望ましいと考えた。そこで、さっそく、早稲田大学大学史資料センターの吉田順一所長に電話をし、共編の提案をしたのである。その時には既に早稲田大学では、編集プランがかなり進んでおり、この申し出は、先行して動き出している企画に共編を提案するものであった。当然、吉田所長は、その場で即答はされなかったが、一両日後に共編で進めましょうとの御返事を下さった。その時、私は戸塚球場を包んだのと同じ両校の友情を感じざるを得なかった。もちろん、昭和一八年一〇月と今日では、状況の緊迫度は全く異なる。しかし、「最後の早慶戦」を実現させたものと本書を成立させたものとは、歴史を共有してきた者同士の友情という同じ想いが背景にあると信じている。

最後に、本書の執筆は、早稲田側については、同大学大学史資料センター研究員の望月雅士、同じく同センター研究員の木下恵太が担当し、慶応義塾側については福沢研究センター専任講師の都倉武之が担当した。手前味噌になることを恐れずに述べれば、本書に流れる客観性・実証性と情熱の巧みなバランスは、これら三氏の努力の賜であることを付言することをお許しいただきたい。

平成二〇年九月三〇日

# 参考文献

## 書籍


相田暢一『あゝ安部球場　紺碧の空に消ゆ』ベースボール・マガジン社、1987年
秋山加代『辛夷の花　父小泉信三の思い出』文藝春秋、1976年
秋山加代・小泉タエ『父小泉信三』毎日新聞社、1968年
生田正輝『回想五十年　慶応義塾と私』慶応義塾大学出版会、2007年
池井優『東京六大学野球外史』ベースボール・マガジン社、1977年
石井公一郎『回想・学徒出陣』中央公論社、1993年
石川忠雄『禍福はあざなえる縄のごとし』小学館、1997年
伊丹安広『一球無二―わが人生の神宮球場―』ベースボール・マガジン社、1978年
今村武雄『小泉信三伝』文藝春秋、1983年
上原良司著、中島博昭編『あゝ祖国よ恋人よ　きけわだつみのこえ上原良司』（新版）信濃毎日新聞社、2005年
大下英治『小説早稲田青春無頼帖』読売新聞社、1987年
大島裕史『韓国野球の源流』新幹社、2006年
笠原和夫・松尾俊治『学徒出陣　最後の早慶戦　還らざる英霊に捧げる』恒文社、1980年
笠原和夫・松尾俊治『最後の早慶戦　学徒出陣還らざる球友に捧げる』、ベースボール・マガジン社、2008年
加藤陽子『徴兵制と近代日本』吉川弘文館、1996年
姜徳相『朝鮮人学徒出陣』岩波書店、1997年
清沢洌『暗黒日記』岩波書店、2004年
慶応義塾大学湘南藤沢キャンパステクニカルライティング教室『ぼくらの先輩は戦争に行った』講談社、1999年
慶応義塾大学応援指導部『「部史」』1973年
慶応義塾大学応援指導部『慶応義塾大学応援指導部七五年史』2008年

慶応義塾野球部史編集委員会編『慶応義塾野球部史』１９６０年、下巻（１９８９年）
小泉信三『小泉信三全集』（全28冊）文藝春秋、１９６７〜１９７２年
小泉妙『父小泉信三を語る』慶応義塾大学出版会、２００８年
庄野義信編『六大学野球全集（上巻・中巻・下巻）』改造社、１９３１年
白井厚『アジア太平洋戦争における慶応義塾関係戦没者名簿』２００７年
白井厚監修、慶応義塾大学経済学部白井ゼミナール『共同研究　太平洋戦争と慶応義塾』慶応義塾大学出版会、１９９９年
白井厚・浅羽久美子・翠川紀子『証言　太平洋戦争下の慶応義塾』慶応義塾大学出版会、２００３年
菅野真二『早稲田応援列伝』２００４年
外岡茂十郎『フェア・プレー　その日・その時』敬文堂書店、１９５８年、改訂版（１９６７年）
高橋誠一郎『回想九十年』筑摩書房、１９７３年
田中穂積先生伝記刊行会編『田中穂積』田中穂積先生伝記刊行会、１９４８年
東京12チャンネル報道部編『証言　私の昭和史　第４』学芸書林、１９６９年
飛田穂洲『学生野球とはなにか』恒文社、１９７４年
飛田穂洲『球道半世記』博友社、１９５１年
飛田忠順編『早稲田大学野球部五十年史』早稲田大学野球部、１９５０年
永井荷風『新版　断腸亭日乗』（第５巻）岩波書店、２００２年
中島親孝『聯合艦隊作戦室から見た太平洋戦争』光人社、１９９７年
蜷川寿恵『学徒出陣　戦争と青春』吉川弘文館、１９９８年
日本戦没学生記念会編『きけわだつみのこえ　日本戦没学生の手記』（新版）岩波書店、１９９５年
ノーベル書房編集部編『わが海軍　旧海軍全教育機関の記録写真集』ノーベル書房、１９８１年
日吉台地下壕保存の会『フィールドワーク日吉・帝国海軍大地下壕』平和文化、２００６年
ベースボール・マガジン社編『飛田穂洲選集別巻　回想の飛田穂洲先生』ベースボール・マガジン社、１９８６年
防衛庁防衛研修所戦史室編『戦史叢書　大本営陸軍部７』朝雲新聞社、１９７３年
明治神宮外苑七十年誌編纂委員会編『明治神宮外苑七十年誌』明治神宮外苑、１９９８年
野球体育博物館編『野球殿堂２００７』ベースボール・マガジン社、２００７年

読売新聞大阪本社社会部編『戦争9　戦没野球人』読売新聞社、1980年
陸軍学徒兵の資料編纂委員会編『検証・陸軍学徒兵の資料』（増補・改訂版）学徒兵懇話会、1999年
早稲田大学漕艇部稲門艇友会編『早稲田大学漕艇部　創立90年史』1992年
早稲田大学大学史編集所編『早稲田大学百年史』早稲田大学出版部、1978～1997年
早稲田大学大学史資料センター『一九四三年晩秋　最後の早慶戦』（展示会目録）、2005年
早稲田大学野球部・稲門倶楽部編『早稲田大学野球部百年史』早稲田大学野球部、2002年
『一球入魂―飛田穂洲』（展示会図録）水戸市立博物館、2001年
『慶応義塾百年史』（全6冊）慶応義塾、1958～1969年
『小泉信三先生追悼録』「新文明」発行所、1966年
『恒松安夫追悼録』1965年
『東京六大学野球80年史　神宮を彩る栄光の軌跡』ベースボール・マガジン社、2005年
『福沢諭吉全集』（全22冊）岩波書店、1958～1971年
『別冊一億人の昭和史　学徒出陣』毎日新聞社、1981年

## 雑誌

伊丹安広「野球魂の征く道」『相撲と野球』1943年9月1日号
笠原和夫「最後の早慶戦　涙の大合唱『海ゆかば』」『ベースボールマガジン』1978年9月号
島田章平「父の思い出／殿堂入りの人々を語る（20）」『野球体育博物館ニューズレター』18巻2号、2008年8月
菊川忠雄「スポーツの政治家と運動選手の行方」『改造』1930年12月号
高橋誠一郎「小泉信三君追想」『三田学会雑誌』第59巻11号、1966年11月
田中実「あの日あの時　出陣塾生壮行会」『塾』22号、1967年
十日会（孫田良平編）「戦時学生生活の思い出―書き残して置きたいさまざま―」『早稲田大学史記要』第37巻、2005年
徳富蘇峰「蘇翁漫談」『言論報国』第2巻第3号、1944年3月
飛田穂洲「『学徒出陣』の早慶戦」『相撲界』1944年1月

飛田穂洲「日本球界への要望」『相撲と野球』１９４３年3月1日号
富田正文「戦時下の塾長として」『泉』2号、１９７６年2月
富田正文「福沢研究のはなし（1）」『福沢手帖』62号、１９８９年9月
日比野寛三「別当薫水兵さん」『文藝春秋』29巻10号、１９５１年
平井好道「あの日あの時　戦歿塾員慰霊祭」『塾』40号、１９７０年
深沢健三「戦争が奪った白球　九回裏、ついに生還せず　松井栄造の栄光と死」「終戦記念特集『8月15日』と日本球界」『ベースボールマガジン』１９７８年9月号
松尾禎三「球春呼んだ３００ダースのボール」『稲門倶楽部報』２００３年9月号
松本好生「小泉先生と学園のスポーツと」『塾友』１９６６年9月号
「裏から見た松井投手」『野球界』１９３８年1月1日号
「小泉先生のキャッチボール」『泉』4号、１９７４年3月
「試合までが長かった昭和18年最後の早慶戦」『週刊文春』１９７３年8月6日号
「証言構成＝最後の早慶戦」『週刊現代』１９７９年11月8日号
「新聞に現れた野球論」『相撲と野球』１９４３年7月1日号
「スポーツの階級性」『中央公論』１９３０年6月号
「戦中・戦後の『三田新聞』を語る」『近代日本研究』第13巻、慶応義塾福沢研究センター
「平井新名誉教授略歴」『三田学会雑誌』第62巻7号、１９６９年7月
『体育会誌』１９５０年、再刊第1号、慶応義塾体育会

## 資料ほか

「慶応義塾儀式関係書類綴」（１９４３年9月～１９４４年5月）慶応義塾福沢研究センター所蔵
斎藤寛・肥田野淳「慶応義塾大学応援指導部史稿」（コピー版）慶応義塾福沢研究センター所蔵
「終戦前後関係記録　二」１９４１年～１９５２年、慶応義塾福沢研究センター所蔵
平井新「出陣学徒壮行早慶戦を思う」（コピー版）慶応義塾福沢研究センター所蔵

「早稲田大学本部書類」早稲田大学大学史資料センター所蔵

ほか、『早稲田大学新聞』『三田新聞』『朝日新聞』『毎日新聞』『読売新聞』『早稲田学報』

# 昭和初期の早慶両校のキャンパス

1932年の早稲田大学キャンパス。早稲田大学大学史資料センター所蔵。
左上が戸塚球場（現在早稲田大学総合学術情報センター）。大隈講堂（中央右）、演劇博物館（中央左上）、アーチ型屋根の図書館（現在2号館、中央）などが見える。

1938年当時の慶応義塾三田キャンパス。慶応義塾福沢研究センター所蔵。
右端に正門（幻の門）、左側中央に大講堂（大ホール）が見える。

## 取材協力・資料提供者

浅沼幸一　今井華子　梅澤喜久也
大島博徳　大道信敏　大貫功
岡崎宏太郎　河内卓司　小泉妙
近藤幸義　白井厚　白石宗靖
萱野真二　関口存彦　谷山正夫
壷井喜久　壷井善彦　寺尾哲男
土井庄一郎　外岡明　長島和子
萩原秀夫　肥田野淳　福澤武
松井勝治　松尾俊治　松尾禎三
三上英満　水野次郎　森武雄
矢野鴻次　吉澤善吉　和田裕

（敬称略）

## 取材協力・資料提供機関

早稲田大学野球部
早稲田大学応援部
慶應義塾体育会野球部
慶應義塾大学應援指導部
南さつま市役所
南さつま市万世特攻平和祈念館
野球体育博物館
靖国神社靖国偕行文庫
吉澤野球史料保存館

編集協力　塚本雄一

## 早稲田大学大学史資料センター

前身は1969（昭和44）年発足の大学史編集所。1998年（平成10）に改組されて現在の組織・名称となった。早稲田大学の歴史、建学者大隈重信などの関係者の事績を明らかにして将来に伝え、また比較大学史研究を行い、これらを通じて早稲田大学の発展に資することを目的としている。このために関係資料の調査・収集・整理・研究を行い、対外的にはレファレンスサービス、展示会・講演会・シンポジウムの開催も行っている。

## 慶應義塾福澤研究センター

1951（昭和26）年に発足した塾史編纂所、その後改組した塾史資料室を前身に義塾創立125年記念事業の一環として1983（昭和58）年に開設。福澤諭吉や門下生、義塾の軌跡について調査研究を行い、さらには福澤や義塾を視野に置きつつ、広く近代日本の研究を目的としている。そのため義塾の諸学部・一貫教育校の枠を越えた共同研究機関として、塾外の研究者とも連携し活動している。

**1943年晩秋　最後の早慶戦**

二〇〇八年一一月一日　初版第一刷発行

編者
早稲田大学大学史資料センター
慶應義塾福澤研究センター

発行者
阿部黄瀬

発行所
株式会社教育評論社
〒一〇三-〇〇〇一
東京都中央区日本橋小伝馬町二-五ＦＫビル
ＴＥＬ　〇三-三六六四-五八五一
ＦＡＸ　〇三-三六六四-五八一六
http://www.kyohyo.co.jp/

印刷製本
萩原印刷株式会社


ISBN 978-4-905706-32-8
定価はカバーに表示してあります。
落丁・乱丁本は弊社負担でお取り替えいたします。